A MODERN GERMAN READER

A MODERN
GERMAN READER

BY

MARIE BURG

Head of the German Department
The Alice Ottley School, Worcester

MACMILLAN
London · Melbourne · Toronto

ST MARTIN'S PRESS
New York
1965

MACMILLAN AND COMPANY LIMITED
Little Essex Street London WC 2
also Bombay Calcutta Madras Melbourne

THE MACMILLAN COMPANY OF CANADA LIMITED
70 Bond Street Toronto 2

ST MARTIN'S PRESS INC
175 Fifth Avenue New York 10010 N Y

PRINTED IN GREAT BRITAIN

CONTENTS

PREFACE

THIS selection has been compiled for the enjoyment of 'O' Level candidates preparing for their G.C.E. and for other students of the German language wishing to become acquainted with some of the names in modern German literature. Arranged in chronological order of birth, these extracts from the work of twenty-four authors range from Ricarda Huch, who died in 1947, to Siegfried Lenz, who was born in 1926. While some of the writers included here have already won fame and recognition outside their own country, others are not so well known and the following names appear for the first time in an English school edition: Georg Britting, Paul Eipper, Luise Rinser, Erwin Wickert, and Siegfried Lenz.

The extracts have been chosen in the hope that readers will feel the desire to read the complete work or other works by the same authors. Many of these authors' works are available in good English translations and some of them in well-annotated school editions. A number of plays for the stage or for radio by the German dramatists introduced in this Reader have already been staged or broadcast in English translations in this country.

It is not possible to include in a Reader of this kind all the well-known names, but the choice ranges over so many subject-matters and styles that, like Goethe in his *Vorspiel* to *Faust I*, we may claim: '*Wer vieles bringt, wird manchem etwas bringen.*'

May I take this opportunity of thanking the authors and publishers who have kindly granted permission for reprinting passages from copyright works.

Worcester, December 1964

M. B.

RICARDA HUCH

1864-1947

1. Ein Brief

Ricarda Huch was born in Brunswick and died in Frankfurt am Main. She studied History at Zürich University, and later she described these years in *Frühling in der Schweiz*. During her life, which spanned many historical events, she lived in several different German cities and for many years in Italy, commemorated in *Aus der Triumphgasse*, a novel about the life of the Italian poor. She was awarded the Goethe Prize for her vast literary output which comprises poetry and *Novellen* as well as essays and historical works of a grandiose conception such as *Der große Krieg in Deutschland*, a saga of the Thirty Years War.

The following extract is taken from *Der letzte Sommer*, a *Novelle*. The story unfolds against the background of a Russian Governor's country house one summer during the early years of this century. The head of the family has received letters containing threats against his life, and his wife has therefore engaged a young man — Lju — as his secretary and bodyguard. Lju accepts this post to be in a safe position for completing his mission, the assassination of the Governor. He thinks of a cunning device: the new typewriter is sent away under the pretext of being repaired, and it returns fitted up with some explosive material that will cause a detonation as soon as the Governor uses it. Hence, the original title of this tale was *Die verhexte Schreibmaschine* (The Bewitched Typewriter).

7. Juni

Geliebteste Tante! Du hast lange keine Nachricht von uns gehabt? Und ich habe das Gefühl, Dir erst gestern geschrieben zu haben, auf so leichten und schnellen Füßen laufen diese Sommertage. Und wenn man sogar noch ein Automobil davorspannt! Lju hat uns einmal spazierengefahren, aber nicht lange, weil er noch nicht sicher ist. Unser Iwan kann es noch weniger als er, obwohl er täglich ein paar Stunden damit herumturnt. Papa möchte auch gern selbst lenken, Mama will es aber nicht, weil es die Nerven angreife, sie wüßte aufs bestimmteste, daß zwei Drittel aller Chauffeure durch Wahnsinn oder Selbstmord infolge von Nervenzerrüttung endeten. Papa versuchte zwar das Argument anzugreifen, aber wir schrieen im Chore, er müßte sich für Staat und Familie erhalten, und einstweilen hat er nachgegeben. Er hat ja nun auch einen andern Sport, nämlich die Schreibmaschine.

Gestern abend nach dem Essen saßen wir in der Veranda. Es war so schön, wie es nirgends sonst als hier ist; über uns im Schwarz des Himmels schimmerten die feuchten Sterne und um uns her im Dunkel der Erde die bleichen Birken. Wir saßen still, und jedes träumte seine eignen Träume, bis Mama Lju fragte, weil er doch alles wisse, sollte er sagen, was für Schlangen es in dieser Gegend gäbe. Er nannte augenblicklich eine Reihe lateinischer Namen und sagte, es wären alles Ottern und Vipern, harmlose, ungiftige Geschöpfe. Ich dachte bei mir, ob es diese Namen wohl überhaupt gäbe, aber Mama hielt alles für Evangelium und war sehr angenehm davon berührt.

Papa hätte nämlich neulich gesagt, erzählte sie, an der glatten Mauer eines Hauses könnte niemand hinaufkriechen außer Schlangen, und seitdem könnte sie die Vorstellung nicht mehr los werden, wie der feste, glatte, klebrige Schlangenleib sich am Hause hinaufzöge, und sie könnte oft nachts nicht davor einschlafen. Welja sagte, er begriffe nicht, wie man sich vor Schlangen fürchten könnte, er fände sie schön, anmutig, schillernd, geheimnisvoll, gefährlich, und würde sich in keine Frau verlieben können, die nicht etwas von einer Schlange hätte. Katja sagte: 'Du Kalb!', und Lju sagte, ich hätte etwas von einer Schlange, nämlich das lautlos Gleitende und Mystische.

Dann erzählte er ein südrussisches Märchen von einer Schlange, die sehr grausig war. Ein Zauberer liebte eine Königstochter, die in einen hohen Turm eingesperrt war. Um Mitternacht kroch er als Schlange am Turm hinauf durch das Fenster in ihr Gemach, dort nahm er wieder seine Menschengestalt an, weckte sie und blieb in Liebe bei ihr bis zum Morgen. Einmal aber schlief die Königstochter nicht und wartete auf ihn; da sah sie plötzlich mitten im Fenster im weißen Mondschein den schwarzen Kopf einer Schlange, flach und dreieckig auf steilem Halse, die sie ansah. Darüber erschrak sie so sehr, daß sie ohne einen Laut ins Bett zurückfiel und starb. Gerade in diesem Augenblick klingelte es heftig an der Gartentür, wo ein alter, verrosteter Klingelzug ist, der fast nie gebraucht wird und deswegen in Vergessenheit geraten ist. Wir wunderten uns alle, daß Mama nicht auch umfiel und tot war.

Papa stand auf, um an die Gartentür zu gehen und zu sehen, was es gäbe; Mama sprang auch auf und sah Lju flehend an, damit er zuerst dem Mörder die Stirn böte, wenn einer da auf Papa wartete; und weil das Aufstehen und die ersten Schritte bei Papa immer etwas mühsam sind und Lju sehr schnell laufen kann, kam er zuerst an und empfing den Paketboten, der eine Kiste trug. Er sagte, es würde eigentlich nicht mehr ausgetragen, aber der Postmeister hätte gesagt, die Kiste sei aus Petersburg und enthalte vielleicht etwas Wichtiges, und weil es der Herr Gouverneur sei, für den der Postmeister eine besondere Verehrung habe, hätte er sie ihm doch noch zustellen wollen. Na, der Bote bekam ein Trinkgeld, und in der Kiste war die Schreibmaschine.

Lju packte sie gleich aus und fing an zu schreiben, Papa wollte auch, konnte aber nichts, wir probierten alle, konnten es aber ebensowenig, nur ich — ungelogen — ein bißchen, und dann sahen wir zu, wie Lju schrieb. Nach einer Weile probierte Papa noch einmal, und wie Lju sagte, er hätte Talent, war er ganz zufrieden. Mama war geradezu selig und sagte, sie hätte sogar die Schlange vergessen, so hübsch wäre die Schreibmaschine. Welja sagte: 'Was habt ihr denn eigentlich mit der Scharteke?' Und Katja sagte, wenn man doch schon einmal die Finger gebrauchen müßte, könnte man gerade so gut schreiben, sie sähe den Zweck davon nicht ein; sie wurde aber überstimmt.

Bist Du nun au fait, einzige Tante? Nun sage ich Dir nur noch, daß die Rosen zu blühen anfangen, die Zentifolien und die gelben Kletterrosen, die so merkwürdig riechen, und die wilden Rosen auch, und daß die Erdbeeren reifen, ferner, daß Papa in der umgänglichsten Stimmung ist und neulich sogar gefragt hat, ob denn diesen Sommer gar kein Besuch käme!

Deine Jessika

RICARDA HUCH, *Der letzte Sommer*
By permission of George G. Harrap & Co.

Vocabulary

die Nachricht(en), news
das Gefühl(e), feeling
   davor-spannen, to harness (in front)
   spazierenfahren, fuhr, gefahren, to take for a drive
   lenken, to steer
   an-greifen, griff, gegriffen, to attack
   aufs bestimmteste, most definitely
das Drittel(–), third
der Chauffeur(e), driver
der Wahnsinn, madness
der Selbstmord, suicide
die Nervenzerrüttung, shattered nerves
   im Chore, in chorus
der Staat(en), state
   einstweilen, meanwhile
   nach-geben, gab, gegeben, to give in
die Schreibmaschine(n), typewriter
   feucht, moist
   los werden, wurde, geworden, to get rid of
   klebrig, sticky
der Schlangenleib(er), snake's body
sich hinauf-ziehen, zog, gezogen, to pull oneself up
   begreifen, begriff, begriffen, to understand
   anmutig, graceful
   schillernd, iridescent
   geheimnisvoll, mysterious
sich verlieben, to fall in love
das Kalb(¨er), (here) fool
   gleiten, glitt, geglitten, to slide
   südrussisch, from southern Russia

das Märchen(–), fairy-tale
   grausig, gruesome
der Zaub(e)rer(–), magician
die Königstochter(¨), princess
   eingesperrt, imprisoned
   hinauf-kriechen, kroch, gekrochen, to creep up
das Gemach(¨er), room, chamber
   an-nehmen, nahm, genommen, to assume
die Menschengestalt(en), human shape
   flach, flat
   dreieckig, triangular
   steil, steep
   erschrecken, erschrak, erschrocken, to become frightened, take fright
der Laut(e), sound
   sterben, starb, gestorben, to die
   klingeln, to ring
   heftig, violent
   verrostet, rusty
der Klingelzug(¨e), bell-rope
   deswegen, because of
die Vergessenheit, oblivion
sich wundern, to be amazed
   mühsam, with difficulty
der Paketbote(n), parcel postman
   aus-tragen, trug, getragen, to deliver
der Postmeister(–), postmaster
die Kiste(n), box
   enthalten, enthielt, enthalten, to contain
die Verehrung, admiration
   zu-stellen, to deliver

das Trinkgeld(er), tip
probieren, to try
ebensowenig, just as little
ungelogen, upon my heart
geradezu, almost
selig, overjoyed
die Scharteke(n), junk, rubbish

der Zweck(e), purpose
überstimmt, outvoted
die Zentifolie(n), cabbage rose
die Kletterrose(n), rambler rose
riechen, roch, gerochen, to smell
umgänglich, sociable
die Stimmung(en), mood

Notes

Geliebteste Tante! This whole story is told in letter form. Several famous examples exist in literature of this epistolary form of fiction, e.g. Richardson's *Clarissa*, Rousseau's *Confessions*, Goethe's *Die Leiden des Jungen Werthers*.

Iwan: a coachman not used to driving a car.

obwohl er täglich ein paar Stunden damit herumturnt: although he practises driving for a couple of hours every day. The use of *turnen* (to do gymnastic exercises) indicates that there was something rather reckless and irregular about the way he drove the car.

er müßte sich erhalten: he had to survive. Note the use of the indirect speech and, resulting from it, the use of the subjunctive. There are numerous examples of this mood in this passage.

Welja: brother of Jessika (who is writing this letter), a good-looking young man, studying law and keen on cars.

Katja: Jessika's sister and, like the latter, fair and pretty.

St. Petersburg, now *Leningrad:* former capital of Russia, and the second-largest city of the U.S.S.R. Lenin (1870–1924) was the founder of the Communist International and the organizer of the October Revolution in Russia (1917).

Bist Du nun au fait (French)*:* Do you know all our news now? French used to be spoken fluently by many Russian families.

HERMANN CLAUDIUS

Born 1878

2. Mein Freund Kolluhn

Hermann Claudius, the son of a railway overseer, was born at Langenhorn (Holstein). He is the great-grandson of Matthias Claudius, the author of many fine hymns, one of which is well known in an English version beginning with the words 'We plough the fields and scatter the good seed on the land'. Spending the first years of his childhood in the country, Claudius learned to know and love the trees, flowers, birds and animals, a love that was to form the basis of his creative work. Later the family moved to Hamburg where, for thirty-three years, he taught in a primary school. Now he is once more living in the country near Trittau, devoting himself to writing and to his manifold hobbies which include music and drawing. He began as a Low German poet and even now he writes and speaks this language. As the most outstanding contemporary regional poet he has frequently been honoured by his own countrymen with prizes and medals. His talent is mainly lyrical, and his work comprises several volumes of poems, such as *In meiner Mutter Garten*, and numerous stories, the best known of which are collected in the volumes entitled *Das Silberschiff* and *Wie ich den lieben Gott suchte*, the latter consisting of childhood memories. He is also author of a biography of Matthias Claudius and, fairly recently, translated into German sixty-one poems of Robert Frost, the American poet.

With skilful strokes of his pen the author introduces us in the next extract to young Kolluhn, the gentle boy who came to school for a short time only, for he died soon after the events described here.

Kolluhn hieß er, Max Kolluhn. Ich besuchte die dritte Volksschulklasse in der Osterstraße, als Kolluhn hinzukam. Er war so mager und blaß wie ich und etwas kleiner. Sein Haar hing ihm wie ein hellgelbes Strohdach über die Stirn und in den Nacken. Seine

6

Augen lagen tief. Ulenogen — Eulenaugen — sagten die Mitschüler dazu.

Ich kümmerte mich zuerst nur wenig um den Neuen, saß auf der ersten Bank und wußte, was das bedeutete.

Dann kam die Zeichenstunde, und jemand sollte eine Milchkarre an die Wandtafel zeichnen. Herr Sierck meinte, die ewigen Tabellen seien langweilig, und versuchte es auf seine Art.

Ich hielt meinen Finger hoch, obwohl die Milchkarre eine heikle Sache war. Unser Milchmann Sellhorn fuhr einen Milchwagen mit einem hochbeinigen Braunen davor. Den kannte ich gut und wollte ihn wohl hinkriegen. Aber die Karre — ?

Da sagte Herr Sierck: 'Sieh da, der Neue! Komm, Kolluhn, nimm die Kreide.'

Und Max Kolluhn, der Neue, geht an die schwarze Tafel, vor der die meisten von uns einen Heidenrespekt hatten, und fängt an zu malen.

Ich wartete mit heimlicher Genugtuung, daß es nichts werden würde und daß ich dann herankäme, es richtig zu machen.

Aber der kleine Kolluhn stand und führte das weiße Stück Kreide mit seinen hageren Fingern Strich um Strich und wischte nichts wieder weg, was falsch geworden war, und malte die Räder und die beiden langen Tragestangen mit den Haken und den Eimern und Kannen daran und malte den Flaschenkasten mit dem Deckel, und ja — wahrhaftig —, er malte jetzt den Hund, der die Karre zog. Man sah ordentlich, wie er sich ins Geschirr legte und wie ihm die Zunge heraushing.

'Und der Milchmann?' — sagte Herr Sierck und hatte leuchtende Augen wie immer, wenn er sich freute.

Haha! dachte ich noch einmal — das kann er nicht! Aber siehe: auch der Milchmann kam Strich um Strich auf die Tafel, wie er sich in den weißen, aufgekrempelten Hemdärmeln halb auf die Karre stützt.

'Das ist aber fein,' sagt Herr Sierck und streicht dem Neuen über seinen hellen Haarschopf. Der behält aber sein trauriges Gesicht, als sei nichts geschehen. Ich saß und fieberte. Im Rechnen durfte mir wohl einer der andern vorbeilaufen und in der Geo-

metrie — aber im Zeichnen? — Ich erlebte, was ich hernach
hundertmal erleben mußte: daß mich einer in meinem Lieblingsfach überrannte und gar nicht einmal zu merken schien, daß ich
am Boden lag.

Ich sah seither Kolluhn böse an und mied ihn. Heimlich aber
gingen meine Blicke immer wieder auf sein schmales Eulengesicht
zurück.

Ich hatte den Kolluhn lieb; ich wußte es nur noch nicht.

Danach kam bald der Tag, der es mich lehrte. Weil der Neue
still und verschlossen war und weil seine große Gabe, alles, aber
auch alles hinmalen zu können, den Mitschülern unheimlich
wurde, so befehdeten sie ihn, wenn nur irgend ein Grund dazu
vorhanden sein mochte. Namentlich seit er Barbarossa in seiner
Höhle gezeichnet hatte samt den Zwergen und schlafenden Rittern
und den schwarzen Raben, die um den Berg herumflogen — und
seit alle Lehrer der anderen Klassen hereingekommen waren und
sein Werk bestaunt hatten, waren sie ihm spinnefeind. Eines Tages
— es war an einem Sonnabend eben vor Schulschluß — hörte ich,
daß einige dem Kolluhn auf dem Nachhauseweg auflauern und ihn
gehörig durchprügeln wollten. Warum? Den Anlaß habe ich vergessen; aber der wahre Grund war seine sonderliche Art und seine
immer traurigen Augen, die den andern unverständlich waren.

Ich weiß nicht, wie ich dazu kam. Ich mochte doch den Kolluhn
nicht. Ich haßte ihn doch, meinte ich. Aber ich hielt mich auf dem
Heimwege, den wir einen Teil gemeinsam hatten, an seiner Seite.
Und richtig: an der Ecke vom Hirschgang ging es los. Steine
flogen. Und als wir uns nicht darum kümmerten, trat der lange
Festing heran und warf Kolluhn die Mütze vom Kopf. Kolluhn sah
den Festing mit seinen traurigen Augen an und hätte am Ende die
Mütze gar nicht wieder aufgehoben. Ich bückte mich und hob sie
auf und sagte mit der Gewalt eines, der auf der ersten Bank saß:
sie sollten Kolluhn in Ruhe lassen. Da lachten sie alle miteinander
los und fingen eine lange Hänselei an, immer dicht hinter uns
beiden her. Kolluhn ging seinen gewohnten Schritt mit vorge-
schobenen Knien weiter.

Da gab ihm der lange Festing, unser Stärkster, einen harten

Knuff in den Rücken, daß dem Kolluhn seine Schulsachen, die er lose unter dem Arm trug, auf die Straße kollerten.

Ich bin nie mutig gewesen, was körperliches Sichwehren angeht; aber die offenbare Herzlosigkeit der Bande versetzte mich so in Wut, daß ich meine Butterbrotdose vom Halse riß und damit wie rasend auf den langen Festing und die sonst noch in der Nähe waren, loshieb.

Ich hatte Glück und traf Festing so, daß ihm das Blut gefährlich aus der Nase schoß und er sich um seine blutende Nase und zunächst nicht um uns kümmern mußte. Sonst wäre es mir sicher schlecht ergangen. Zu meiner großen Verwunderung blieben auch die übrigen Helden plötzlich zurück, so daß Kolluhn und ich bald aus Sichtweite und geborgen waren.

Von jener Stunde an waren wir Freunde, ohne daß es eines Wortes bedurfte.

HERMANN CLAUDIUS, *Kolluhn*
Christian Wegner Verlag, Hamburg
By permission of the Author

Vocabulary

mager, thin
blaß, pale
das Strohdach(⁼er), thatched roof
der Nacken(–), nape
der Mitschüler(–), classmate
sich kümmern um, to take notice of
die Zeichenstunde(n), drawing lesson
die Milchkarre(n), milk cart
heikel, ticklish
die Wandtafel(n), blackboard
zeichnen, to draw
ewig, everlasting
die Tabelle(n), chart
langweilig, boring
der Milchwagen(–), milk float
hin-kriegen (sl.), to manage
die Karre(n), cart
malen, to paint
heimlich, secretly
die Genugtuung, satisfaction

hager, thin
der Strich(e), stroke
weg-wischen, to wipe off
das Rad(⁼er), wheel
die Tragstange(n), yoke
der Haken(–), hook
der Eimer(–), bucket
die Kanne(n), jug
wahrhaftig, upon my word
ziehen, zog, gezogen, to pull
ordentlich, properly
das Geschirr(e), harness
ins Geschirr legen, to pull hard
die Zunge(n), tongue
leuchtend, shining
aufgekrempelt, rolled up
der Hemdärmel(–), shirt sleeve
sich stützen, to lean against
streichen, strich, gestrichen, to stroke

der *Haarschopf*(∸*e*), mop of hair
behalten, behielt, behalten, to keep
traurig, sad
fiebern, to run a temperature
vorbei-laufen, lief, gelaufen, to overtake
erleben, to experience
überrennen, überrannte, überrannt, to overtake
merken, to notice
meiden, mied, gemieden, to avoid
verschlossen, reserved
die *Gabe*(*n*), gift
unheimlich, uncanny
befehden, to be at loggerheads
der *Grund*(∸*e*), reason
vorhanden sein, to exist
bestaunen, to marvel at
die *Spinne*(*n*), spider
spinnenfeind sein, to hate like poison
auf-lauern, to waylay
durch-prügeln, to beat soundly
der *Anlaß*(∸*sse*), cause
sonderlich, strange
unverständlich, incomprehensible
meinen, to believe
los-gehen, ging, gegangen, to start
fliegen, flog, geflogen, to fly
werfen, warf, geworfen, to throw

auf-heben, hob, gehoben, to pick up
sich bücken, to bend
die *Gewalt*(*en*), force
die *Hänselei*(*en*), teasing
gewöhnt, used to
der *Knuff*(∸*e*), cuff
der *Rücken*(–), back
kollern, to roll
mutig, brave
körperlich, physical
sich wehren, to defend oneself
die *Herzlosigkeit*, heartlessness
die *Bande*(*n*), gang
die *Wut*, rage
in Wut versetzen, to provoke into a rage
reißen, riß, gerissen, to pull
rasend, mad
die *Ruhe*, peace
los-hauen, to start beating
schießen, schoß, geschossen, to shoot
blutend, bleeding
zunächst, first of all
die *Verwunderung*, amazement
der *Held*(*en*), hero
die *Sichtweite*, sight
bergen, barg, geborgen, to hide
bedürfen, to need

Notes

die dritte Volksschulklasse: third form of the primary school where the age of the pupils is eight years.

Eulenaugen = Ulenogen (Low German)*:* large deep-set eyes. Cf. *Eulenspiegel* (owlglass), the name of the medieval German fool remembered for the pranks he played on people during his wanderings all over Germany.

Ich ... saß auf der ersten Bank und wußte, was das bedeutete: My place was in the first row and I was well aware of what that meant. (Only the best pupils were allowed to sit in the first row in front of the class.)

die schwarze Tafel, vor der die meisten von uns einen Heidenrespekt

hatten: the blackboard, which most of us held in great respect.
Heiden is used to express a very high degree of anything, e.g.
Heidenangst (f.), mortal fright, *Heidenlärm* (m.), terrific noise.

daß mich einer in meinem Lieblingsfach überrannte: that someone
beat me at my favourite subject. (*Fach* (n.), subject.) *Lieblings* =
'favourite', can be combined with many nouns, e.g. *Lieblingsbuch*,
Lieblingsschauspieler, etc.

*Barbarossa in seiner Höhle samt den Zwergen und schlafenden Rittern
und den schwarzen Raben:* Barbarossa in his cave together with his
dwarfs, the knights and the ravens. According to an old legend
King Barbarossa, i.e. the Red Beard (Emperor Frederick I,
Holy Roman Emperor, 1123–1190), surrounded by his knights
and dwarfs, sits waiting at a stone table in the Kyffhäuser
Mountain. The black ravens are his messengers who keep him
informed of what is happening in the world. If Germany were in
need of a saviour, Barbarossa would rise and lead the country to
victory and glory.

meine Butterbrotdose = *die Dose, in der ich mein Butterbrot zur Schule
trug* (*Dose* (f.), tin). German schoolchildren take some refresh-
ments to school with them to be eaten during break.

3. Im Hinterhof

In the following passage, taken from the story entitled *Knoops*,
Hermann Claudius displays his ability to see the world through the
eyes of a child. His gentle humanism transcends the grey harshness
of everyday life, and makes even poverty seem less grim.

Die Knoops — wie wir sie nannten — waren unsere Nachbarsmieter in der kleinen Terrassenwohnung zu ebener Erde in der
Sophienstraße, jener Wohnung, in der die Tapeten an den feuchten Wänden sich nicht halten wollten und zum ewigen Ärger
meiner Mutter immer irgendwo herunterhingen. Beide Woh-
nungen, Knoops und unsere, hatten je einen kleinen Hinterhof, die
ein hohes und enges Holzgitter voneinander trennte.

Dieser kleine Hof und dieses enge Gitter sind der Rahmen, in dem Gustav Knoop in meiner Erinnerung lebt.

Ja — er kam in Wirklichkeit damals kaum aus diesem Hinterhof heraus. Seine Mutter hatte geschwollene Füße und konnte schlecht gehen. Dafür war ihre Stimme hell und gell und rief alle Augenblicke nach Gustav.

Gustav mußte die Betten machen. Gustav mußte ausfegen. Gustav putzte die Fenster. Gustav wusch die Wäsche. Namentlich die vielen, vielen Strümpfe sind mir deutlich erinnerlich geblieben, wie sie nachher an der Leine hingen, die Gustav kreuz und quer über den Hof gezogen hatte. Gustav hatte wenigstens fünf oder sechs kleinere Geschwister. Er war der Älteste, blaß und mager von Gesicht und lang und hager von Gestalt. Er mochte vielleicht vier Jahre älter sein als ich. Ich war damals neun Jahre.

In der Sophienstraße herrschten die beiden Festings, zwei robuste Burschen, die irgendeine Parole ausgaben, am engen Ausgang der Terrasse Posto faßten und jeden, der ihre Parole nicht wußte, so lange piesackten, bis er ihnen irgend ein Lösegeld gab oder doch versprach, zu geben.

Ich war kein Held. Und wenn die beiden Festings ihre Schindertage hatten, blieb ich lieber auf unserem Hinterhof.

Da sah ich denn jedesmal, so oft der Hof mein Asyl geworden war, durch das Holzgitter auf der andern Seite den blassen Gustav.

Er war immer in großer Geschäftigkeit, und die scharfe Stimme seiner Mutter fuhr oft und hart und jäh dazwischen wie die Dampfflöte an einer Rangierlokomotive. Um ihn herum waren immer ein paar seiner Geschwister und wollten etwas von ihm. 'Duustav! — Duustav!' krähten sie. Und dazu saß irgendeins in der Ecke und weinte.

Es war nicht eben ruhig auf jenem kleinen Hinterhof. Und es war auch ein wenig Gelegenheit, mit Gustav in eine Unterredung zu kommen.

Aber es war im September, und die Spinnen spannen ihre Netze. Von dem großen Garten, der an der Hinterseite der Höfe sich entlangzog, hingen über das noch höhere und dichtere Gitter dorthin einzelne Baumzweige zu uns herüber. Zwischen diesen Zweigen und Gitterstäben breiteten sich die Netze der Spinnen, glitzerten in der Sonne und zitterten bei jedem Luftzug. Wenn Gustav mich dann gar nicht zu merken schien, so hockte ich mich auf den Haublock hin und sah dem Werk der Spinnen zu.

Ich wußte noch nichts von ihren Arten, obwohl ich kleine und große, bunte und graue unterschied, nichts von dem Geheimnis ihrer Spinndrüsen. Ich sah die Spinne inmitten ihres Netzes lauern und, sobald eine Fliege sich verfangen hatte, darauf loseilen und sie einspinnen. Fast immer war das Netz fertig und fast immer lauerte sie nur.

Wenn die Spinne stundenlang saß — was mir stundenlang scheinen mochte — und nichts fing, hatte ich wohl ein Erbarmen, wenn man es ein Erbarmen nennen darf, griff eine Fliege, faßte sie bei den lila-schimmernden Flügeln und näherte sie dem ausgespannten Netze. Sobald die zappelnden Beinchen die Fäden berührt hatten, verhedderten sie sich darin. Ebenso schnell schoß die Spinne aus der Mitte ihres Netzes hervor, ergriff das Opfer mit ihren Zangenbeinen und wickelte es im Augenblick in einen kunstvoll weißlichen Schleier von Spinnfäden ein.

Da hing die Fliege wie ein Schinken im weißen Leinenbeutel beim Käshöker Hildebrandt an der Elmsbütteler Chaussee. Die Spinne kam mir dann wie ein reicher Mann vor, der sich solchen Schinken kaufen und in seine Speisekammer hängen und, wenn er Lust hatte, sich dicke Scheiben davon abschneiden konnte.

Wenn ich dann weiterdachte, daß ich die Fliege gefangen hatte, kam ich mir wie der liebe Gott vor, der viel mehr bedeutete als der reiche Mann mit dem Schinken.

Ab und zu sprachen wir dennoch durch das Holzgitter miteinander, der Gustav und ich.

Einmal fragte er mich: 'Was willst du werden?'

Ich erschrak. Es war, als ob plötzlich alles um mich her leer geworden wäre. Ich wußte keine Antwort und sah nur Gustav Knoop, in seine himmelblauen Augen, mit denen er mich aufgeregt anstarrte.

'Weißt du, was ich werden will?' sagte er und kniff die Augenlider zwinkernd zusammen. Da schrie die Stimme seiner Mutter wieder: 'Gustav!' Gustav sprang in die Küche, kam aber bald wieder heraus, trat dicht an das Gitter und sagte eilig: 'Kapitän will ich werden auf einem großen Schiff, das nach Amerika fährt. Und dann landen wir. Und dann kommandiere ich: Vorwärts! Und dann fangen wir alle die Indianer. Und dann stecke ich unsere Flagge in die Erde und ich sage: das hier ist alles u n s e r Land! Und dann bin ich der Sultan und baue mir einen Palast aus weißem Marmor mit goldenen Säulen. Und dann sitze ich auf einem golden- en Thron und habe hundert Frauen und tausend Sklaven. Und dann kommandiere ich sie alle. Und dann —.'

'Gustav!' schrie die Mutter dazwischen. Es klang besonders scharf. Und Gustav, der Sultan, zuckte zusammen und sprang von seinem goldenen Thron hinunter und stürzte in die Küche. Und die Mutter rief schon zum zweitenmal.

HERMANN CLAUDIUS, *Karge reiche Kinderzeit*
By permission of the Author and of Eugen Salzer Verlag

Vocabulary

der Hinterhof(÷*e*), back yard
die Tapete(*n*), wallpaper
feucht, damp
ewig, everlasting
der Ärger, annoyance
irgendwo, somewhere
die Wohnung(*en*), flat
eng, narrow
das Holzgitter(–), wooden lattice
trennen, to separate
der Rahmen(–), background
die Erinnerung(*en*), memory
die Wirklichkeit, reality
damals, in those days
gell, piercing
aus-fegen, to sweep
putzen, to clean
die Wäsche, laundry
kreuz und quer, in all directions
blaß, pale

mager, thin
hager, scraggy
die Gestalt(*en*), figure
mögen, mochte, gemocht, to be willing
herrschen, to rule
die Parole(*n*), password
piesacken (sl.), badger, plague
Posto fassen, to take up one's stand
der Ausgang(÷*e*), exit
das Lösegeld(*er*), ransom
versprechen, versprach, versprochen, to promise
der Held(*en*), hero
das Asyl(*e*), refuge
die Geschäftigkeit, bustle
dazwischen-fahren, fuhr, gefahren, to interfere
jäh, sudden, startling

die *Dampfflöte(n)*, steam whistle
die *Rangierlokomotive(n)*, shunting engine
die *Gelegenheit(en)*, opportunity
die *Unterredung(en)*, talk
die *Spinne(n)*, spider
  spannen, to stretch out
das *Netz(e)*, net
  dicht, close by
der *Gitterstab(÷e)*, bar
sich breiten, to extend
  glitzern, to glitter
  zittern, to tremble
  hocken, to squat
der *Haublock(÷e)*, chopping-block
die *Art(en)*, kind
  unterscheiden, unterschied, unterschieden, to distinguish
  lauern, to lie in wait for
die *Fliege(n)*, fly
sich verfangen, verfing, verfangen, to get caught
  loseilen auf, to hurry towards
das *Erbarmen*, pity
  greifen, griff, gegriffen, to seize
  lila, mauve
  zappelnd, wriggling

der *Faden(÷)*, thread
  berühren, to touch
sich verheddern, to get caught
  schießen, schoß, geschossen, to shoot
das *Opfer(–)*, victim
das *Zangenbein(e)*, pincers
  ein-wickeln, to wrap up
der *Schleier(–)*, veil
der *Schinken(–)*, ham
der *Leinenbeutel(–)*, linen bag
  vor-kommen, kam, gekommen, to happen
die *Speisekammer(n)*, larder
  Lust haben, to feel like
die *Scheibe(n)*, slice
  bedeuten, to mean
  ab und an, now and then
  aufgeregt, excited
  zusammen-kneifen, kniff, gekniffen, to squeeze together
das *Augenlid(er)*, eyelid
  zwinkern, to wink at
der *Marmor*, marble
die *Säule(n)*, column
der *Sklave(n)*, slave
  zusammen-zucken, to jump, start up
  stürzen, to dash

Notes

Nachbarsmieter: neighbours who rented the flat next door (*Nachbar* (m.), neighbour; *Mieter* (m.), tenant).

Terrassenwohnung zu ebener Erde: ground-floor flat in one of a row of small terrace houses.

wenn die beiden Festings ihre Schindertage hatten: on the days the two Festing boys took it into their heads to bully the others (*Schinder* (m.), oppressor, slave-driver).

Ich wußte ... nichts von dem Geheimnis ihrer Spinndrüsen: I knew nothing about the secret of their spinning-glands — the glands that exude the fluid which, as soon as it reaches the air, hardens and turns into fine threads with which the spider builds its web.

beim Käshöker Hildebrandt an der Elmsbütteler Chaussee: here the expression '*Höker*' seems to denote a costermonger selling cheese from a cart. Otherwise *Höker* means a pedlar who hawks his wares around, calling at the door.

STEFAN ZWEIG
1881 – 1942

4. Der gestohlene Koffer

Stefan Zweig came from a cultured Jewish family and grew up in the intellectual circles of Vienna at the turn of the century. After studying at the Universities of Vienna and Berlin he travelled widely in Europe and India, then settled in Salzburg where his house became a meeting-point for European artists. Forced to go into exile when Hitler seized power in Austria, he went to England first, and later to Brazil where, as Hitler's armies were advancing everywhere in Europe, he committed suicide. Though he began his literary career as a lyric poet and playwright, he is best known for his masterly *Novellen* such as *Die unsichtbare Sammlung* or *Schachnovelle* and for his vividly written biographies, including those of Fouché, Marie Antoinette, Mary Stuart, Magellan and Balzac, in which great characters and their times are brought to life by the deft strokes of his pen.

The following extract is chosen from Zweig's autobiography entitled *Welt von Gestern* which bears the significant sub-title *Erinnerungen eines Europäers*. It gives a vivid picture of Imperial Vienna; a great part of the book is also devoted to Paris, the 'city of eternal youth': to its restaurants and its people, the Quartier Latin and the Boulevards, the Café de la Paix and Les Halles and, last but not least, to Zweig's own friends, among them Claudel, Péguy, Rolland, Valéry and Rilke.

Ich war über die zwei Pfingstfeiertage von Paris fortgewesen, um mit Freunden die herrliche Kathedrale von Chartres, die ich nicht kannte, zu bewundern. Als ich am Dienstagmorgen, in mein Hotelzimmer zurückkehrend, mich umkleiden wollte, fand ich meinen Koffer nicht, der friedlich alle diese Monate in der Ecke gestanden hatte. Ich ging hinunter zum Besitzer des kleinen Hotels, der tagsüber abwechselnd mit seiner Frau in der winzigen Portiersloge saß, ein kleiner, feister, rotwangiger Marseiller, mit dem ich oft heiter gespaßt und sogar manchmal im gegenüberliegenden Kaffee Trick-Track, sein Lieblingsspiel, gespielt hatte. Er wurde sofort furchtbar aufgeregt und schrie erbittert, während er mit der Faust auf den Tisch hieb, die geheimnisvollen Worte: 'Also doch!' Noch indes er sich — er hatte wie immer in Hemdärmeln gesessen — hastig den Rock anzog und die Schuhe statt seiner bequemen Pantoffeln, erklärte er mir die Sachlage, und vielleicht ist es nötig, zuerst an eine Sonderheit der Pariser Häuser und Hotels zu erinnern, um sie verständlich zu machen.

In Paris haben die kleineren Hotels und auch die meisten Privathäuser keine Hausschlüssel, sondern der 'Concierge', der Hausmeister, schließt, sobald von außen geläutet wird, die Tür automatisch von der Portiersloge auf. In den kleineren Hotels und Häusern bleibt nun der Besitzer oder der Concierge nicht die ganze Nacht in seiner Portiersloge, sondern öffnet von seinem Ehebette aus durch den Druck auf einen Knopf — meist im Halbschlaf — die Haustür; wer das Haus verläßt, hat 'le cordon, s'il vous plaît' zu rufen und ebenso jeder, der von außen hereingelassen wird, seinen Namen zu nennen, so daß sich theoretisch kein Fremder nachts in die Häuser einschleichen kann.

Um zwei Uhr morgens hatte nun in meinem Hotel die Glocke von außen geläutet, jemand eintretend einen Namen genannt, der dem eines Hotelbewohners ähnlich schien und einen noch in der Portiersloge hängenden Zimmerschlüssel abgenommen. Eigentlich wäre es Pflicht des Cerberus gewesen, durch die Glasscheibe die Identität des späten Besuchers zu verifizieren, aber offenbar war er zu schläfrig gewesen. Als aber dann nach einer Stunde wiederum, von innen rufend, jemand 'Cordon, s'il vous plaît' gerufen habe, um das Haus zu verlassen, sei ihm doch, nachdem er schon die Haustür geöffnet hatte, merkwürdig vorgekommen, daß jemand nach zwei Uhr morgens noch aus dem Haus gehe. Er sei aufgestanden und habe auf die Gasse nachblickend festgestellt, daß jemand mit einem Koffer das Haus verlassen habe und sei sofort in Schlafrock und Pantoffeln dem verdächtigen Manne nachgefolgt. Sobald er aber gesehen, daß jener sich um die Ecke in ein kleines Hotel in der Rue des Petits Champs begab, habe er natürlich nicht an einen Dieb oder Einbrecher gedacht und sich friedlich wieder ins Bett gelegt.

Aufgeregt über seinen Irrtum, wie er war, stürzte er mit mir zum nächsten Polizeiposten. Es wurde sofort in dem Hotel in der Rue des Petits Champs Nachfrage gehalten und festgestellt, daß sich zwar mein Koffer noch dort befand, nicht aber der Dieb, der offenbar ausgegangen war, um seinen Morgenkaffee in irgend einer nachbarlichen Bar zu nehmen. Zwei Detektive paßten nun in der Portiersloge des Hotels in der Rue des Petits Champs auf den Bösewicht; als er arglos nach einer halben Stunde zurückkehrte, wurde er sofort verhaftet.

Nun mußten wir beide, der Wirt und ich, uns zur Polizei begeben, um der Amtshandlung beizuwohnen. Wir wurden in das Zimmer des Unterpräfekten geführt, der, ein ungeheuer feister, gemütlicher, schnurrbärtiger Herr, mit aufgeknöpftem Rock vor seinem sehr unordentlichen Schreibtisch saß. Die ganze Amtsstube roch nach Tabak, und eine große Flasche Wein auf dem Tisch zeigte, daß der Mann keineswegs zu den grausamen und lebensfeindlichen Dienern der heiligen Hermandad zählte.

Zuerst wurde auf seinen Befehl der Koffer hereingebracht; ich sollte feststellen, ob Wesentliches darin fehlte. Der einzige scheinbare Wertgegenstand war ein nach fünf Monaten reichlich abgeknabberter Kreditbrief auf zweitausend Franken, der aber selbstverständlich für jeden Fremden unbrauchbar war und tatsächlich unangetastet auf dem Grunde lag. Nachdem ein Protokoll aufgenommen, daß ich den Koffer als mein Eigentum anerkenne und nichts aus demselben entwendet worden sei, gab nun der Beamte Order, den Dieb hereinzuführen, dessen Aspekt ich mit nicht geringer Neugier entgegensah.

Und sie lohnte sich. Zwischen zwei mächtigen Sergeanten und dadurch in seiner mageren Schmächtigkeit noch grotesker wirkend, erschien ein armer Teufel, ziemlich abgerissen, ohne Kragen, mit einem kleinen hängenden Schnurrbart und einem trüben, sichtlich halbverhungerten Mausgesicht. Es war, wenn ich so sagen darf, ein schlechter Dieb, was sich ja auch durch seine ungeschickte Technik erwies, daß er sich nicht gleich am frühen

Morgen mit dem Koffer davongemacht hatte. Er stand mit nieder-
geschlagenen Augen, leise zitternd, als ob ihn fröre, vor dem
Polizeigewaltigen, und zu meiner Schande sei gesagt, daß er mir
nicht nur leid tat, sondern daß ich sogar eine Art Sympathie für ihn
empfand.

Und dieses mitfühlende Interesse wurde noch verstärkt, als ein
Polizeibeamter auf einem großen Brett feierlich angeordnet alle die
Gegenstände vorlegte, die man bei der Leibesvisitation gefunden
hatte. Eine seltsamere Kollektion war kaum zu erdenken: ein sehr
schmutziges und zerrissenes Taschentuch, ein um einen Schlüsselring musikalisch gegeneinanderklingendes Dutzend von Nach-
schlüsseln und Dietrichen in allen Formaten, eine abgegriffene
Brieftasche, aber glücklicherweise keine Waffe, was zum min-
desten bewies, daß dieser Dieb sein Metier in zwar kennerischer,
aber doch friedlicher Weise ausübte.

STEFAN ZWEIG, *Welt von Gestern*
By permission of S. Fischer Verlag, Frankfurt a. M.

Vocabulary

der Koffer(–), trunk	*verständlich*, comprehensible
der Pfingstfeiertag(e), Whit holiday	*der Hausschlüssel*(–), front-door key
bewundern, to admire	*läuten*, to ring
friedlich, calm, peaceful	*die Ehe*(n), marriage
der Besitzer(–), proprietor	*der Druck*, pressure
abwechselnd, alternating	*der Knopf*(≃e), button
feist, fat	*im Halbschlaf*, half-asleep
rotwangig, red-cheeked	*ein-schleichen, schlich, geschlichen*,
spaßen, to joke	to creep in
gegenüberliegend, opposite	*der Hotelbewohner*(–), hotel resident
das Lieblingsspiel(e), favourite game	*ähnlich*, similar
sich aufregen, to get excited	*die Pflicht*(en), duty
erbittert, fierce	*die Glasscheibe*(n), pane of glass
die Faust(≃e), fist	*offenbar*, obviously
geheimnisvoll, mysterious	*schläfrig*, sleepy
der Hemdärmel(–), shirt sleeve	*die Gasse*(n), (narrow) street
bequem, comfortable	*der Schlafrock*(≃e), dressing-gown
der Pantoffel(n), slipper	*verdächtig*, suspicious
die Sachlage, situation	*der Dieb*(e), thief
die Sonderheit(en), peculiarity	*aufgeregt*, excited

der Irrtum(⸚*er*), error
sich stürzen, to dash
der Polizeiposten(–), police station
die Nachfrage(*n*), inquiry
fest-stellen, to establish
zwar, it is true
nachbarlich, neighbouring
passen auf, to look out for
der Bösewicht(*e* or *er*), culprit
arglos, unsuspecting
verhaften, to arrest
die Amtshandlung(*en*), official act
bei-wohnen, to assist
ungeheuer, extremely
schnurrbärtig, with a moustache
aufgeknöpft, unbuttoned
der Rock(⸚*e*), coat
unordentlich, untidy
die Amtsstube(*n*), office
riechen nach, roch, gerochen, to
    smell of
grausam, cruel
lebensfeindlich, hostile to life
der Befehl(*e*), order
das Wesentliche, essential
der Wertgegenstand(⸚*e*), article of value
selbstverständlich, obviously
unbrauchbar, useless
tatsächlich, in fact
unangetastet, untouched

der Grund(⸚*e*), bottom
das Eigentum(⸚*er*), property
entwenden, entwand, entwunden, to
    steal
die Neugier, curiosity
sich lohnen, to be worth it
die Schmächtigkeit, slenderness
abgerissen, shabby
der Kragen(⸚), collar
trüb, bleak
sichtlich, obvious
ungeschickt, clumsy
sich erweisen, erwies, erwiesen, to prove
sich davon-machen, to decamp, make
    one's escape
das Brett(*er*), board
feierlich, solemn
der Polizeibeamte(*n*), police official
der Gegenstand(⸚*e*), object
schmutzig, dirty
der Schlüsselring(*e*), key-ring
der Nachschlüssel(–), master-key
der Dietrich(*e*), skeleton-key
abgegriffen, well-thumbed
die Brieftasche(*n*), wallet
beweisen, bewies, bewiesen, to prove
das Metier(*s*), trade
kennerisch, expert
aus-üben, to practise

Notes

Kathedrale von Chartres: cathedral built between 1194 and 1620,
fifty miles south-west of Paris, famous for its windows filled with
thirteenth-century stained glass in which a lovely blue is pre-
dominant.

Portiersloge: porter's lodge, a small room on the ground floor near
the entrance of French houses from where the porter or *concierge*
can control all who enter the building.

ein Marseiller: inhabitant of Marseilles (cf. *Londoner, Pariser,
Wiener* for inhabitants of London, Paris, Vienna).

Trick-Track: a game played on a board like that used for playing
draughts.

le cordon, s'il vous plaît! (French): Open the door, please! (*cordon,* rope, pull).

Cerberus: mythical dog often described as having between fifty and a hundred heads, said to have guarded the entrance to Hades (Greek word for Underworld).

verifizieren: to inspect (cf. the French word *vérifier*). Zweig often uses words derived from the French.

die heilige Hermandad: the Santa Hermandad was a name given to an association founded in Spain in the thirteenth century to maintain order. It was accorded authority over crimes such as robbery and arson.

mit einem sichtlich halbverhungerten Mausgesicht: with a face like that of a mouse, obviously half-starved. The features of this thief must have been in the author's mind when he wrote his Novelle *Bekanntschaft mit einem unbekannten Handwerk* in which he describes a pickpocket bearing a definite resemblance to this unfortunate man.

Leibesvisitation: in order to find out what objects the thief might have on him, the police searched his clothes, pockets, etc. (*Leib* (m.), body; *Visitation* (f.), inspection).

5. Ein Abenteurer

The next passage chosen from the work of Stefan Zweig is from *Die Entdeckung Eldorados*, one of the twelve historical miniatures forming the volume entitled *Sternstunden der Menschheit*. Other 'Sternstunden' deal with the discovery of the Pacific Ocean, the conquest of Byzantium, Handel's composition of the Messiah, the creation of the Marseillaise, the Battle of Waterloo, the invention of the telegraph, the story of Captain Scott, and that of the sealed train that carried Lenin from Geneva to Russia in 1917. In these historical sketches Zweig intended to capture some of the moments in the history of mankind during which fate chose to put on to the shoulders of some individual the terrifying responsibility of making a far-reaching decision. At such a moment everything that concerns future generations may be at stake. No creative writer can invent more thrilling plots. For him there only remains the task of recalling some events as they happened, without adding colour or intensity. But nothing in Zweig's historical works was left to chance; thus, when preparing his *Marie Antoinette*, he studied all available accounts in order to establish her personal expenditure correctly.

Johann August Suter hat Abenteurerblut, ihn lockt es nicht, stillzusitzen und seinen guten Grund zu bebauen. Eines Tages, im Jahre 1837, verkauft er sein Hab und Gut, rüstet eine Expedition mit Wagen und Pferden und Büffelherden aus und zieht vom Fort Independence ins Unbekannte.

1838. Zwei Offiziere, fünf Missionare, drei Frauen ziehen aus in Büffelwagen ins unendliche Leere. Durch Steppen und Steppen, schließlich über die Berge, dem Pazifischen Ozean entgegen. Drei Monate lang reisen sie, um Ende Oktober in Fort Van Couver anzukommen. Die beiden Offiziere haben Suter schon vorher verlassen, die Missionare gehen nicht weiter, die drei Frauen sind unterwegs an den Entbehrungen gestorben.

Suter ist allein, vergebens sucht man ihn zurückzuhalten in Van Couver, bietet ihm eine Stellung an — er lehnt alles ab, die Lockung des magischen Namens sitzt ihm im Blut.

Mit einem erbärmlichen Segler durchkreuzt er den Pazifik zuerst zu den Sandwichinseln und landet, nach unendlichen Schwierigkeiten an den Küsten von Alaska vorbei, an einem verlassenen Platz, namens San Franzisko. San Franzisko — nicht die Stadt von heute, nach dem Erdbeben mit doppeltem Wachstum zu Millionenzahlen emporgeschossen — nein, nur ein elendes Fischerdorf, so nach der Mission der Franziskaner genannt, nicht einmal Hauptstadt jener unbekannten mexikanischen Provinz Kalifornien, die in der üppigsten Zone des neuen Kontinents brachliegt. Spanische Unordnung, gesteigert durch Abwesenheit jeder Autorität, Revolten, Mangel an Arbeitstieren und Menschen, Mangel an zupackender Energie.

Suter mietet ein Pferd, treibt es hinab in das fruchtbare Tal des Sakramento: ein Tag genügt, um ihm zu zeigen, daß hier nicht nur Platz ist für eine Farm, für ein großes Gut, sondern Raum für ein

Königreich. Am nächsten Tag reitet er nach Monte Rey, in die klägliche Hauptstadt, stellt sich dem Gouverneur Alverado vor, erklärt ihm seine Absicht, das Land urbar zu machen. Er hat Kanaken mitgebracht von den Inseln, will regelmäßig diese fleißigen und arbeitsamen Farbigen von den Inseln sich nachkommen lassen und macht sich anheischig, Ansiedlungen zu bauen und ein kleines Reich, Neu-Helvetien, zu gründen.

'Warum Neu-Helvetien?' fragt der Gouverneur. 'Ich bin Schweizer und Republikaner', antwortet Suter.

'Gut, tun Sie, was Sie wollen, ich gebe Ihnen eine Konzession auf zehn Jahre.'

Man sieht: Geschäfte werden dort rasch abgeschlossen. Tausend Meilen von jeder Zivilisation hat Energie eines einzelnen Menschen einen anderen Preis als zu Hause.

1839. Eine Karawane karrt langsam längs des Ufers des Sakramento hinauf. Voran Suter zu Pferd, das Gewehr umgeschnallt, hinter ihm zwei, drei Europäer, dann hundertfünfzig Kanaken in kurzem Hemd, dann dreißig Büffelwagen mit Lebensmitteln, Samen und Munition, fünfzig Pferde, fünfundsiebzig Maulesel, Kühe und Schafe, dann eine kurze Nachhut — das ist die ganze Armee, die sich Neu-Helvetien erobern will.

Vor ihnen rollt eine gigantische Feuerwoge. Sie zünden die Wälder an, bequemere Methode, als sie auszuroden. Und noch auf den rauchenden Baumstrünken beginnen sie ihre Arbeit. Magazine werden gebaut, Brunnen gegraben, der Boden besät, Hürden geschaffen für die unendlichen Herden; allmählich strömt von den Nachbarorten Zuwachs aus den verlassenen Missionskolonien.

Der Erfolg ist gigantisch. Die Saaten tragen sofort fünfhundert Prozent. Die Scheuern bersten, bald zählen die Herden nach Tausenden, und ungeachtet der fortwährenden Schwierigkeiten im Lande entfaltet sich Neu-Helvetien zu tropisch gigantischer Größe. Kanäle, Mühlen, Faktoreien werden geschaffen, auf den Flüssen fahren Schiffe stromauf und stromab, Suter versorgt nicht nur Van Couver und die Sandwichinseln, sondern auch alle Segler, die in Kalifornien anlegen, er pflanzt Obst, das heute so berühmte und vielbewunderte Obst Kaliforniens. Sieh da! es gedeiht, und so läßt er Weinreben kommen aus Frankreich und vom Rhein, und nach wenigen Jahren bedecken sie weite Gelände.

Sich selbst baut er Häuser und üppige Farmen, läßt ein Klavier von Pleyel hundertachtzig Tagesreisen weit von Paris kommen und eine Dampfmaschine mit sechzig Büffeln von Neuyork her über den ganzen Kontinent. Er hat Kredite und Guthaben bei den größten Bankhäusern Englands und Frankreichs, und nun, fünfundvierzig Jahre alt, auf der Höhe seines Triumphes, erinnert er sich, vor vierzehn Jahren eine Frau und drei Kinder irgendwo in der Welt gelassen zu haben. Er schreibt ihnen und ladet sie zu sich ein in sein Fürstentum.

Denn jetzt fühlt er die Fülle in den Fäusten, er ist Herr von Neu-Helvetien, einer der reichsten Männer der Welt, und er wird es bleiben. Endlich reißen auch die Vereinigten Staaten die verwahrloste Kolonie aus Mexikos Händen. Nun ist alles gesichert und geborgen. Ein paar Jahre noch, und Suter ist der reichste Mann der Welt.

STEFAN ZWEIG, *Sternstunden der Menschheit* (Abridged)
By permission of S. Fischer Verlag, Frankfurt a. M.

Vocabulary

der *Abenteurer*(–), adventurer
locken, to tempt
rüsten, to prepare
die *Büffelherde*(*n*), buffalo herd
unendlich, endless
die *Leere*, emptiness
die *Steppe*(*n*), prairie
die *Entbehrung*(*en*), privation
sterben, starb, gestorben, to die
vergebens, in vain
die *Stellung*(*en*), post
ab-lehnen, decline, refuse
erbärmlich, miserable
der *Segler*(–), sailing ship
durch-kreuzen, to cross
die *Schwierigkeit*(*en*), difficulty
die *Küste*(*n*), coast

verlassen, deserted
das *Erdbeben*(–), earthquake
das *Wachstum*, expansion
empor-schießen, schoß, geschossen, to shoot up
elend, miserable
üppig, luxurious
brach-liegen, lag, gelegen, to lie fallow
gesteigert, increased
die *Abwesenheit*, absence
der *Mangel*(⸚), lack of
zupackend, active
mieten, to hire
fruchtbar, fertile
das *Gut*(⸚*er*), estate
das *Königreich*(*e*), kingdom

kläglich, wretched
die Absicht(en), intention
urbar, cultivated
regelmäßig, regular
arbeitsam, hard-working
der Farbige(n), coloured man
sich anheischig machen, to offer
die Ansiedlung(en), settlement
der Gründer(-), founder
der Schweizer(-), Swiss
die Konzession(en), licence
das Geschäft(e), business
abgeschlossen, concluded
das Gewehr(e), gun
umgeschnallt, strapped, strapped on
das Hemd(en), shirt, shift
die Lebensmittel (pl.), provisions
der Same(n), seed
der Maulesel(-), mule
die Nachhut, rearguard
erobern, to conquer
die Feuerwoge(n), wave of fire
an-zünden, to light
bequem, easy
aus-roden, to clear
der Baumstrunk(¨e), stump
das Magazin(e), storehouse
der Brunnen(-), well
graben, grub, gegraben, to dig
der Boden(¨-), soil

säen, to sow
die Hürde(n), hurdle
schaffen, schuf, geschaffen, to create
unendlich, unending
allmählich, gradually
der Nachbarort(¨er), neighbouring site
zu-wachsen, wuchs, gewachsen, to increase
der Erfolg(e), success
die Saat(en), crops
das Prozent(e), per cent
die Scheuer(n), granary
bersten, barst, geborsten, to burst
ungeachtet, despite
sich entfalten, expand
der Kanal(¨e), channel, canal
die Faktorei(en), factory
versorgen, to supply
an-legen, to land
gedeihen, gedieh, gediehen, to prosper
die Weinrebe(n), grape-vine
das Gelände(-), ground
die Dampfmaschine(n), steam engine
das Guthaben(-), sum standing to one's credit, asset
das Fürstentum(¨er), principality
die Fülle, wealth
die Faust(¨e), fist
die Vereinigten Staaten, United States

Notes

Suter: John Augustus Suter (1803–1880) came to America in 1834 and four years later he went overland to California. On 49,000 acres of land which the Governor of Mexico accorded to him he built a fort, a mill, a factory and several workshops, hiring Indians to work for him. But when gold was discovered in California (1848) and the gold-rush began, Suter's property was overrun by gold-diggers from Europe. Bankrupt, he spent the last years of his life trying — in vain — to regain his property.

Hab und Gut: goods and chattels (*Habe* (f.), property; *Gut* (n.), property).

Franziskaner: the Franciscans, called Grey Friars in England because of the colour of the habit they used to wear (it is brown now), are a religious order founded by St. Francis of Assisi (1181–1226).

Sakramento = Sacramento: river flowing into the Pacific Ocean on the left bank of which stands the city of Sacramento (California).

Kanaken: kanakas, natives of the South Sea islands.

Neu-Helvetien: Helvetia is the Latin name given to Switzerland in Caesar's time. According to Caesar, who occupied part of western Switzerland, the Helvetians were the bravest tribe among the inhabitants of the region then known as Gallia Transalpina.

ERNST WIECHERT
1887 – 1950

6. Eine Weihnachtsgeschichte

Ernst Wiechert, the son of a forester, was born in a lonely forester's
house in East Prussia (now Poland). In *Wälder und Menschen* he
tells the story of his childhood spent among the vast forests and
plains whose beauty filled him with a melancholy which was to
pervade most of his literary work. After teaching in a secondary
school for most of his life, he lived in retirement near Lake Starn-
berg near Munich, devoting himself entirely to writing. Yet this
calm life was not to last for long. Convinced of his duty as a writer to
stand up for truth and liberty, he spoke to the students of Munich
University against the Nazis, who subsequently sent him to a concentration camp. Wiechert's literary work comprises stories and
novels, of which *Das einfache Leben* and *Die Jerominkinder* are
typical: his characters are steadfast, self-sufficient people with a
deep love of the place where they were born, without any longing
for urban civilization.

The following passage is chosen from *Missa sine nomine*, the last
novel he wrote. Here the author traced the return to normal
existence of three brothers whose life had been disturbed by the last
war.

'Mein Großvater hat es so erzählt', begann er: 'Als der Vater
seines Vaters die Pferde fuhr, hatten sie einen Herrn, der war
streng und schnell mit seinen Worten, und er hatte lange in
Kriegsdiensten gestanden, noch zu Zeiten des Kaisers Napoleon.
Er war kein harter Herr, aber er hatte viel Hartes gesehen auf
seinen Reiterzügen, und er war gewohnt, zu befehlen, nicht zu
gehorchen.

An einem Weihnachtsabend kam der Urahn mit ihm aus der
kleinen Stadt gefahren, und er fuhr schnell, weil es schon Zeit war,
den Baum anzuzünden. Sie hatten sich verspätet, und der Schnee
fiel dicht. Es waren auch Wölfe in den Wäldern damals, und sie

hatten die Laternen am Schlitten angezündet, und der Herr hielt ein Gewehr über den Knien.

Und als sie aus dem Walde kamen und die Lichter des Hofes schon wie einen matten Schein erblickten, hielt der Urahn plötzlich die vier Pferde an, denn im Schein der Laternen stand ein Kind am Wege. Es war ein kleines Kind, ein Knabe, und der Schnee lag auf seinen Schultern. Und der Urahn sagte, daß er erschrocken gewesen sei, weil der Knabe auf seinem Haar keinen Schnee getragen hatte, nur auf den Schultern. Und es schneite sehr. Aber das Haar war wie Gold gewesen, ohne eine einzige Schneeflocke.

Das Kind hatte die rechte Hand ausgestreckt, mit der Handfläche nach oben, als wollte es etwas hineingelegt haben. Es sah aus wie ein Scharwerkerkind, nur zarter. Es hatte ein frohes, lächelndes Gesicht, und es war doch ganz allein am Rand des tiefen Waldes, und nun, wo die Schlittenglocken schwiegen, konnte man in der Ferne die Wölfe hören.

Die Pferde standen still und waren nicht erschrocken.

'Fahr zu, Christoph', rief der Herr ungeduldig. 'Es ist spät.'

Aber der Urahn fuhr nicht. Er hatte seine Hände in den schweren Pelzhandschuhen über den Leinen gefaltet und sah das Kind an. Er hat später gesagt, daß man den Blick nicht von dem Kinde habe abwenden können.

'Fahr zu, Christoph', rief der Herr und stand im Schlitten auf.

Aber der Urahn fuhr nicht. Er nahm die Decke von seinen Knien und hob sie ein bißchen auf, und das Kind setzte seinen Fuß auf die Kufen des Schlittens und setzte sich neben den Urahn. Es lächelte immerzu.

Der Herr war so zornig, daß er sich vergaß. Er war nicht zornig über das Kind, sondern darüber, daß der Urahn nicht gehorcht hatte, aber das Kind war die Ursache davon.

So stand der Herr im Schlitten, aufrecht, in seiner schimmernden Uniform unter dem Pelz, ergriff das Kind bei den Schultern und wollte es in den Schnee stoßen.

Aber das Kind rührte sich nicht. Es saß da, blickte auf die

Pferde, die große Schatten warfen im Licht der Laternen, und lächelte. Der Urahn hielt die Zügel und sah zu. Er sagte, daß er auch nicht den kleinen Finger seiner Hand bewegen konnte. Es graute ihm ein wenig, aber er hatte nicht Angst.

Dann sprang der Herr mit einem schrecklichen Fluch aus dem Schlitten, und den Fluch hatte er zwischen Krieg und Sterben gelernt. Er stand neben den Kufen, hob beide Arme in die Höhe und wollte das Kind aus dem Schlitten reißen.

Aber das Kind rührte sich nicht. Es hob sogar beide Hände, als ob es zeigen wollte, daß es sich nicht festhalte. Und es lächelte.

Der Schnee fiel immer noch in das Licht der Laternen, und es war so still, daß der Urahn sein Herz klopfen hörte. 'Steigen Sie ein, Herr', sagte er leise. 'Um Christi willen, steigen Sie ein!'

Und das war das Wunder, daß der Freiherr gehorchte. Er stieg ein, und sie fuhren weiter. Der Urahn konnte wieder seine Hände bewegen. Das Kind saß still neben ihm. Keine Schneeflocke war auf seinem goldenen Haar zu sehen.

Aber als sie auf den Hof fuhren, fürchteten sie sich sehr. Denn in dem Augenblick, als der Schlitten unter dem eisernen Wappen war, wurden alle Fenster in dem großen Haus und in allen Katen und Ställen wie mit einem Schlage hell. So hell, daß der ganze Hof im Licht war. In einem Licht, sagte der Urahn, das nicht von der Erde war. Und alle Gutsleute traten aus den Häusern, und in allen Stalltüren waren die Köpfe der Tiere zu sehen, als ob man die Tiere losgebunden hätte. Die Köpfe der Pferde und der Kühe und der Schafe. Und alle sahen ohne einen Laut dem Schlitten zu, wie er in einem großen Bogen vor die Freitreppe fuhr. Und alle sahen das Kind, alle. Da war nicht einer, der es nicht gesehen hätte.

Das Kind stieg zuerst aus dem Schlitten. Aber es stieg nicht, sagte der Urahn, sondern es schwebte. Ohne Schwere, wie eine Schneeflocke. Es drehte sich einmal um zu dem Schlitten und lächelte und ging über den Hof zu der Kate, in der ein Kind am Sterben lag. Sie wußten alle, daß es die Christnacht nicht überleben würde.

Und als das Kind aus dem Schlitten über die Schwelle der Kate trat, erloschen mit einem Schlage alle Lichter auf dem Hof, und die Leute waren wie geblendet und tasteten sich nach den Ställen, um die Tiere wieder festzumachen.

Der Urahn aber stieg aus dem Schlitten und half dem Herrn die Treppe hinauf, weil er nicht allein gehen konnte. Und drinnen, in der großen Halle, wo der Baum stand und die Geweihe und die Bilder hingen und die ausgestopften Vögel, sah der Freiherr sich um wie in einem großen, fremden Wald und sagte mit einer ganz fremden Stimme: 'Ich danke dir, Christoph. . . .'

Das Scharwerkerkind aber wurde gesund in der Nacht. . . .'

'Ja', schloß Christoph mit seiner leisen, sanften Stimme, 'das war die Nacht, in der der Urahn das Jesuskind fuhr.'

ERNST WIECHERT, *Missa sine nomine*
By permission of Kurt Desch Verlag, München

Vocabulary

streng, strict
der Kriegsdienst(e), war service
der Reiterzug(⸗e), campaign (on horseback)
gewohnt, used to
befehlen, befahl, befohlen, to command
der Uhrahn(en), great-grandfather
sich verspäten, to be late
der Wolf(⸗e), wolf
das Gewehr(e), gun
der Hof(⸗e), estate
erschrocken, erschrak, erschrocken, to be frightened
die Schneeflocke(n), snow-flake
die Handfläche(n), palm
zart, dainty, gentle
der Rand(⸗er), edge
die Schlittenglocke(n), bell of the sledge
schweigen, schwieg, geschwiegen, to be silent
die Ferne, distance
ungeduldig, impatient
der Pelzhandschuh(e), fur glove

die Leine(n), leading rein
falten, to fold
der Blick(e), gaze
ab-wenden, to turn away
die Decke(n), rug
die Kufe(n), runner
immerzu, all the time
zornig, angry
aufrecht, upright
schimmernd, shining
der Pelz(e), fur coat
stoßen, stieß, gestoßen, to push
sich rühren, to move
der Schatten(–), shadow
werfen, warf, geworfen, to throw
der Zügel(–), reins
grauen, to shudder
der Fluch(⸗e), curse
der Krieg(e), war
das Sterben, death
reißen, riß, gerissen, to pull
heben, hob, gehoben, to raise
das Herz(en), heart
der Freiherr(en), baron
steinern, of stone

die *Kate(n)*, cottage
der *Stall(÷e)*, stable
    los-binden, band, gebunden, to untie
der *Laut(e)*, sound
der *Bogen(÷)*, half-circle
    schweben, to float

die *Schwere,* weight
überleben, survive
die *Schwelle(n),* threshold
erlöschen, to go out, be extinguished
tasten, to grope
das *Geweih(e),* antler
ausgestopft, stuffed

Notes

weil es schon Zeit war, den Baum anzuzünden: because it was already time to light the tree. In Germany the Christmas tree is lit and presents are exchanged on Christmas Eve, not on Christmas Day.

ein Scharwerkerkind: the child of a farm labourer (*Scharwerker* (m.), labourer, odd-job man).

mit einem Schlage: all at once or at one blow (*Schlag* (m.), blow).

alle Gutsleute = alle Leute, die auf dem Gut arbeiteten (*das Gut* (n.), estate).

die Freitreppe: outside flight of steps leading up to the entrance of buildings such as theatres, manor houses, etc.

am Sterben lag = im Sterben lag: was dying.

das Jesuskind: the Child Jesus, not Father Christmas, is presumed to be the bringer of Christmas gifts in Germany.

KASIMIR EDSCHMID

Born 1890

7. Das norwegische Derby

Kasimir Edschmid, who was born at Darmstadt, studied at the Universities of Munich, Strasbourg and Paris. After a period of travel abroad he turned to writing and, as one of the leading German expressionist authors of that time, he made a name for himself by his early work which included a biography of Lord Byron. The work of this period was rewarded by the Büchner Prize, and later Edschmid was elected General Secretary of the German branch of the P.E.N. Club. Years of extensive travel which followed are enthusiastically and vividly depicted in travel books such as *Afrika nackt und ausgezogen* or *Zauber und Größe des Mittelmeers*. A stay of ten years in Italy provided the background to Edschmid's great work in five volumes, a history of the cultures of the countries surrounding the Mediterranean. His post-war work includes, among others, a novel entitled *Das gute Recht*, an account of the vicissitudes encountered whilst he was evacuated during the last war, and his recent novel, *Der Marschall und die Gnade*, is set against a South American background.

Edschmid considers ski-ing one of the finest ways of exercising the body whilst the mind takes in the beauty of nature. The following passage, typical of the author's concise and gripping style, is taken from one of his numerous stories entitled *Norwegischer Meister*. This story begins with a chance meeting of the two young men who emerge as the final rivals in the Norwegian ski-ing competition of the year: Egil Torgersen, the new forester from the Lofoten Islands, and Fin Mazeng, the local postman who, in winter, delivers post on skis to the outlying farmsteads. Now read on.

Das norwegische 'Derby' auf Skiern ist ein Nationalfest wie das englische auf Pferden oder das amerikanische mit Baseball. Unter hundert jungen Leuten, die da vor ihre Nation traten, waren immer zwei Dutzend Unbekannte, die jedes Jahr irgendwoher kamen, und von denen jedes Jahr einer, zur Verblüffung der Zuschauer, den Damenpreis oder den Königspreis an sich riß.

Unter den Leuten, die zum Startauslosen erschienen, war Egil Torgersen derjenige, welcher Oslo als eine südliche Stadt am meisten empfand. Er war vom achtundsechzigsten auf den sechzigsten Breitegrad heruntergekommen. Er stand in der Sonne und wartete, daß der Langlauf anfing.

'Hast du schon ein Rennen gelaufen?' fragte ein Offizier, der eine Liste hielt.

'Nein, ich komme von Magnus Olsen.'

'Na, guten Morgen,' sagte der Offizier, 'das ist ein Sportsmann.'

Er erhielt eine sehr späte Nummer: 208. Fin Mazeng hatte Glück. Torgersen hörte ihn aufrufen und sah ihn mit dem Nummernschild 16 aus dem Tor losziehen, das aus zwei Stämmen und einer dazwischen gespannten gelben Flagge bestand.

Der Briefträger war im Vorteil. Er brauchte nicht zu spuren und konnte bei Zeit zurück sein, ehe der Schnee weich wurde und er neu wachsen mußte. Das brachte Mazeng leicht zwei oder drei Minuten Vorsprung, und Torgersen gönnte dem Dickkopf, der Papier auf den Höfen herumtrug, eigentlich keinen Erfolg. Das war nicht sehr anständig. Aber es war noch weniger anständig, einen Mann aus den Lofoten Dorsch zu nennen.

Er schaute genau hin, wie Fin Mazeng loszog. Mazeng sprang wie ein Gaul los und nicht wie ein Mann und stieß die Stöcke links und rechts wie Trommelschläger herunter. 'Er hätte Fischer werden sollen', dachte Egil, 'er harpuniert ja den Schnee.'

Anderthalb Stunden stand er am Start mit seiner Nummer vor der Brust. Es kam ihm alles so glänzend vor, so viele Menschen, so viele Frauen und Automobile und Bäume. Zu Hause kamen manchmal fünftausend Menschen auf die Insel, schliefen in Baracken auf Bänken an den Wänden und waren hinter den Fischzügen her, die der Atlantik aus seinen tiefsten Stellen ausspie. Es roch nach Eingeweide von Fischen und pulverisierten Dorschköpfen. Und dann hingen Millionen steife, aufgeschnittene Dorsche an Drähten auf all den Felsenrücken und klapperten eine tolle

Musik über den Sund, wenn unter der Mitternachtssonne ein Gewitter heraufkam.

'Schnall an', sagte der Offizier.

'190', rief es am Start.

Als sein Name und die Nummer endlich herauskam, zog Torgersen los. Er lief nicht, sondern ging nur in die Knie und glitt nach vorn. Die Schenkel spannten sich prächtig, es gab ein Mordstempo, und der Mann rührte sich kaum dabei. Mit den Stöcken machte er langsame Kreisschläge. Er hielt damit nur die Balance.

'Komische Technik,' sagte der Offizier zu einem weißblonden Mann mit einer Windbluse und ohne Kopfbedeckung. 'Dabei Anfänger, Rysdeal.'

'Das gibt es,' sagte der Weißblonde mit dem kleinen Flugzeug auf dem Ärmel. 'Ich habe Leute gesehen, die besser flogen als ich sobald sie den Motor und so weiter mal endlich kapiert hatten.'

'Das glaube ich nicht, daß sie besser flogen als Sie, Rysdeal.'

'Sie hatten nur keinen Erfolg,' sagte der Flieger und zuckte die Achseln.

Fin Mazeng spurtete indessen durch. Er überholte eine ganze Menge Leute, die er aus der Spur herausschrie. Fahne auf Fahne sah er im Schnee vor sich. Neun Minuten Differenz bis zum ersten Starter hatte er vor sich. Er hatte Nummer 3 schon überholt. Auf einem kleinen Hügel sah er Nummer 6. Bei der Abfahrt kam er an ihr vorbei. Im Wald hängte er die anderen ab. Zwei mußten sich verloren haben, obwohl nichts leichter war, als die Spur im Wald zu behalten. Fähnchen auf Fähnchen kam ihm entgegen. Es fehlte nur noch Nummer 1. Eine Minute nach '1' kam Mazeng durchs Ziel, ausgepumpt und klatschnaß. Er war wie eine Maschine, die eingefahren wird, durchgelaufen.

Egil Torgersen hingegen hatte Pech. Die Sonne machte elend heiß, und er konnte auf dem lahmen Schnee lange nicht die Geschwindigkeit machen wie morgens, wo der Schnee an den Betträndern noch körnig knirschte. Mit dem Wachsen ging es anständig — er kam ohne Abschnallen durch. Witzig war es auch, hinter Männern wie sonst hinter Füchsen oder einem Bock herzufahren. Eine nette Jagd.

Manchmal sah er dreißig Leute einen breiten, weißen Berg hinaufkleppern. Sie liefen genau wie Tiere, eine Art von Galopp. Von unten sah es verzweifelt aus, wie sie gebückt die Beine warfen und die Stöcke in den Schnee stachen. Der Förster schob sich den Berg fast so hinauf, wie er über die flache Strecke ging, ein langsamer Dreierschritt, der gemütlich aussah, aber furchtbar Raum fraß.

Die letzten fünf Kilometer machte er mit einem einzigen Stock, weil der linke Teller plötzlich losging. Na also. Er kam anständig durchs Ziel. Seine Zeit ging am Mast auf. Er hatte nicht viel Vorstellung davon, ob er gut oder schlecht gelaufen war.

KASIMIR EDSCHMID, *Hallo Welt*
Paul Zsolnay Verlag, Wien
By permission of the Author

Vocabulary

norwegisch, Norwegian
der Unbekannte(n), stranger
irgendwoher, from anywhere
die Verblüffung, amazement
der Zuschauer(–), spectator
reißen (an sich), riß, gerissen, to seize
empfinden, empfand, empfunden, to sense
der Breitegrad(e), latitude
das Rennen(–), race
das Nummernschild(er), number
das Tor(e), gate
los-ziehen, zog, gezogen, to set out, start
der Stamm(ˆe), trunk
bestehen, bestand, bestanden, to consist of
der Vorteil(e), advantage
spuren, to lay the course
der Vorsprung, lead
nicht gönnen, to grudge

der Dickkopf(ˆe), stubborn fellow
der Erfolg(e), success
anständig, decent, fair
der Gaul(ˆe), farm-horse
los-springen, sprang, gesprungen, to jump off
der Trommelschläger(–), drumstick
harpunieren, to harpoon
der Fischzug(ˆe), haul of fish
aus-speien, spie, gespieen, to spit out
riechen nach, roch, gerochen, to smell of
das Eingeweide(–), guts
pulverisiert, pulverized
auf-schneiden, schnitt, geschnitten, to cut up
klappern, to clatter, rattle
der Felsenrücken(–), ridge of a cliff
der Sund(e), strait
das Gewitter(–), thunderstorm
gleiten, glitt, geglitten, to glide, slide

der Schenkel(–), thigh
sich spannen, to tighten
   prächtig, splendid
das Mordstempo(*i*), terrific speed
sich rühren, to move
die Windbluse(*n*), windcheater
die Kopfbedeckung(*en*), headgear
das Flugzeug(*e*), plane
der Ärmel(–), sleeve
   kapieren, to grasp
   überholen, to overtake
die Fahne(*n*), flag
   ab-hängen, *hing*, *gehangen*, (here)
   to leave behind
das Ziel(*e*), target
   ausgepumpt, exhausted
   klatschnaß, dripping wet
die Maschine(*n*), (here) car
   ein-fahren, *fuhr*, *gefahren*, to run in

durch-laufen, *lief*, *gelaufen*, to run
   through without stopping
das Pech, tar
   Pech haben, to be unlucky
   elend, miserable
die Geschwindigkeit(*en*), speed
   körnig, grainy
   knirschen, to crunch
   hinauf-kleppern, to labour uphill
   verzweifelt, desperate
   stechen, *stach*, *gestochen*, to pierce
sich hinauf-schieben, *schob*, *geschoben*, to
   push oneself up
   witzig, funny
   flach, level
die Strecke(*n*), course
der Mast(*e* or *en*), pole
die Vorstellung(*en*), idea
   trocken, dry

Notes

'Derby' auf Skiern: the highlight of Norway's winter season is the great annual international ski competition held in February at Holmenkollen, 6 km. north of Oslo, the capital. Held for the first time in 1892, the 'Norwegian Derby' consists of a jumping contest and a long-distance race, the main race stretching over a difficult course of some 20 miles.

Damenpreis, Königspreis: coveted trophies awarded to the victors.

Startauslosen: the draw of the starting number (*auslosen*, to draw lots).

Oslo: capital of Norway, a well-planned, mainly modern city, skirted by the sea and standing against high hills covered with extensive forests of pine and fir. Oslo is the seat of the Norwegian government, the parliament and a university.

Langlauf: long-distance race, the type of ski-ing best suited to the gently undulating Norwegian landscape, whilst in the Alps racing tracks are laid down extremely steep slopes.

ehe der Schnee weich wurde und er neu wachsen mußte: before the snow turned soft and he was obliged to 'wax' once more. In

order to increase speed paraffin wax must be applied to the under-
surface of the skis.

einen Mann aus den Lofoten Dorsch zu nennen: to call a man from
the Lofoten Islands a 'cod'. Cod-fishing, with cod-liver oil as a
by-product, is the most important industry in the Lofotens, a
group of islands off the north-west coast of Norway. The fish is
dried on the cliffs, then exported, whilst the heads of the fish are
used as cattle food.

Schnall an: Fix your straps or bindings. The skis are fitted to the
boots by straps or bindings which, to be efficient, must fasten
the toes securely to the skis whilst allowing the heels to move as
freely as possible.

Mit den Stöcken machte er langsame Kreisschläge: He moved his
sticks slowly, describing circles with them. The skier uses his
sticks for balance.

er zuckte die Achseln: he shrugged his shoulders (*Achsel* (f.),
shoulder).

die er aus der Spur herausschrie: he shouted at them in order to
make them step aside so that he could race in the course already
laid (*Spur* (f.), track).

an den Bretträndern: along the edges of the skis. Colloquially skis
are also called *Bretteln* (*Brett* (n.), board, plank).

der furchtbar Raum fraß: which covered a terrific distance at great
speed. (*Raum* (m.), space; *fressen,* swallow.) Cf. *Kilometerfresser,*
someone who walks or drives so fast that he seems to swallow the
kilometres.

*Er hatte nicht viel Vorstellung davon, ob er gut oder schlecht gelaufen
war:* He did not know for certain whether he had run well or
badly. He had, in fact, won the championship. Honoured by the
King and by the crowds in Oslo, while all the papers were
writing about him, Torgersen turned his back on all this and
returned to his lonely native Lofoten Islands.

GEORG BRITTING

Born 1891

8. Das Hochzeitsmahl

Georg Britting, the son of an official, was born on an island in the middle of the river Danube, near Regensburg. He studied Economics but, after being severely wounded in the First World War, he settled in Munich and devoted himself to writing. He has published several volumes of poems such as *Gedichte* and *Unter hohen Bäumen*, a novel and over fifty stories. *Geschichten und Gedichte*, a recently published anthology, contains a representative selection from his poetry and prose. In his work Britting does not depict the great world, but reality and truth, and these he paints with dramatic force or in a lyrical mood. In his view, provided one is able to perceive things, one can learn more by stepping in front of one's house than roaming through the world.

Thus in *Der Fisch*, from which our next extract is taken, the story evolves from something as ordinary as boys collecting chestnuts in their small buckets. The title, however, is derived from the fish that an old tramp gives to the boy, who relates the story in return for his chestnuts.

Martin saß in der Schule neben mir auf der Bank. Er hatte keinen Vater, hieß es von ihm, er hatte nur eine Mutter, die war Zugehefrau. Immer war er sauber gewaschen, hatte ein rundes Gesicht, und wenn er lachte, zeigte er weiße, kleine Mäusezähne. Er lachte oft. Auf seine Pausebrote, die er in die Schule mitbrachte, sahen wir verlangend, so üppig waren sie oft mit Wurst und Käse belegt, und er ließ gern davon abbeißen: knauserig war er nicht! Vor ein paar Tagen erst war es geschehen, daß ich gemeinsam mit ihm fürstlich gespeist hatte, vor einer Haustür stehend, auf der Straße.

Es wurde, hatte mir Martin augenzwinkernd erzählt, in einem wohlhabenden Bürgerhaus zu einer Hochzeit gerüstet, Hasen wurde das Fell abgezogen, Gänse wurden gerupft, Schüsseln und

Kannen blank gerieben, Teppiche geklopft und die Zimmer gestöbert, und seine Mutter war dabei unentbehrlich. Und weil sie sich während dieser stürmischen Woche' tagsüber nicht um ihn kümmern konnte, brachte sie ihm, das wieder gutzumachen, allerlei Leckerbissen, fürs Fest schon vorbereitet, ans abendliche Bett.

An dem großen Tag selber hatten Martin und ich der Anfahrt der Hochzeitskutschen zugeschaut. An der Spitze kam ein Schimmelgespann, darin die Neuvermählten saßen, mit blassen Gesichtern, und die Schimmel hatten nickende Blumensträuße am Kopfgeschirr. Und Wagen auf Wagen fuhr vor, denen vornehme Herren entstiegen, im Frack und den spiegelnden hohen Hut auf dem Kopf, und Frauen in herrlichen Kleidern, mit nackten Schultern, aber manche hatten ein Seidentuch darüber gebreitet. Sie gingen ins Haus, die Damen mit gerafften Schleppen, und wir wußten, nun begannen sie zu tafeln, auf damastenen Tischdecken. Wir tafelten mit: nicht bloß so in Gedanken und neidischen Träumen, nein, wirklich! Und die damastenen Tischdecken vermißten wir nicht!

Schon nach einer kurzen Weile erschien des Freundes Mutter unter der Haustür und brachte uns auf einem Teller von den Vorspeisen. Es waren seltsame Dinge dabei, die ich nicht kannte, eingemachte Fischchen, Krebsschwänze, Pasteten und so was, und sie schmeckten uns. Martin wußte Namen und Art zu nennen. Wir hatten den Teller noch kaum leergegessen, als die Mutter schon wieder kam und uns eine kleine Schüssel gab, gefüllt mit ich weiß nicht was allem, Hasenbraten war dabei, verriet mir Martin, und ein paar goldgelbe Hühnerbeine, die erkannte ich selber, und unsere Taschenmesser wurden fett, und unsere Finger auch. Vorsorglich hatte Martin einen Löffel eingesteckt, den zog er nun heraus, so konnten wir auch die Preiselbeeren anständig essen, im Wechsel immer jeder einen Löffel voll. Mir schienen sie zu sauer zu sein.

Es kam und ging die spendende Frau und schleppte herbei, was nur gut und teuer war, und sagte, das seien nicht gestohlene Sachen, Überbleibsel und Reste seien es, wie sie vom Tische des Reichen fallen — Brosamen waren aber nicht dabei! Die Brautmutter, sagte die Zugehefrau, dürfe es wissen und lüde uns sogar ein, zum Essen ins Haus zu kommen, in den Flur oder in die Küche. Das lehnten wir aber ab und sagten, es gefiele uns so viel besser, hier, im Freien, und gerade so sei es das Richtige und gemütlich, und mit den schwarzen Fräcken wollten wir nichts zu tun haben.

Und immer von neuem kam die Gute uns zu füttern, wie die Schwalbenmutter ihre Jungen atzt, und wir sperrten die Schnäbel auf wie die hungrige Brut im Nest. Die Mutter brachte Speisen, die nicht einmal Martin kannte, und sagte fremde klingende Namen dafür. Französisch sei das, sagte sie. Zu den Tortenstücken und zu den Mohrenköpfen, aus denen der Schlagrahm troff, gab es ein großes Glas voll süßen, gelben Weines, der uns ins Blut ging und unsere Lustigkeit steigerte. Der Wein, sagte die Schwalbe, sei ja eigentlich nichts für Kinder, aber heut sei ein besonderer Tag. Das fanden wir auch. Das Eis war rot und gelb wie Gold, Himbeeren und Vanille, und unser Löffel bekam wieder zu tun, und es hätte mehr sein dürfen — so wunderbar war es, gar nicht zu sagen!

Die zwei großen purpurfarbenen Äpfel aßen wir nicht, sondern steckten sie in die Hosentasche, aber die Bananen enthäuteten wir und verzehrten sie auf der Stelle. Ich beneidete Martin um solch eine Mutter und sagte es ihm. Was brauche er einen Vater, sagte ich, bei dieser Mutter? Und kauend nickte er ein zuversichtliches Ja.

Noch einmal, zum letztenmal kam sie, mit einer Tüte voll Erdbeeren, und sagte, wir sollten jetzt nach Haus gehen, das Mahl sei zu Ende, aber für sie finge es erst jetzt richtig an, für sie gäbe es noch zu tun, ach Gott, ach Gott, sei das ein Trubel! Und sie drückte jedem noch ein Stück Emmentaler in die Hand. Wir aßen die Erdbeeren und gingen, und aßen im Gehen den Emmentaler, und als wir damit fertig waren, holte Martin seinen Apfel aus dem Hosensack und biß hinein, und ich tat mit meinem auch so. Er hatte ein schönes, rötliches Fleisch. Am besten sei doch das Eis gewesen, sagten wir beim Auseinandergehen, gleicher Meinung, wie meistens!

GEORG BRITTING, *Erzählungen, 1941–1960*
By permission of Nymphenburger Verlagshandlung, München

Vocabulary

das Hochzeitsmahl, wedding feast
   heißen (von), *hieß*, *geheißen*, to be said of
   sauber, clean
   verlangend, longingly
   üppig, sumptuous
   ab-beißen, *biß*, *gebissen*, to bite off
   knauserig, mean
   fürstlich, princely
   speisen, to dine
   wohlhabend, well-to-do
das Bürgerhaus (*⸚er*), middle-class house
die Hochzeit(en), wedding
   rüsten, to prepare
die Gans(⸚e), goose
   rupfen, to pluck
die Schüssel(n), dish
die Kanne(n), jug
   blank, clean
   reiben, *rieb*, *gerieben*, to polish
   klopfen, to beat
   stöbern, to spring-clean
   unentbehrlich, indispensable
   stürmisch, stormy
sich kümmern um, to look after
der Leckerbissen(-), delicacy
   vor-bereiten, to prepare
die Anfahrt(en), arrival
die Spitze(n), head
die Hochzeitskutsche(n), bridal coach
der Neuvermählte(n), newly-wed
der Schimmel(-), white horse
   nicken, to nod
der Blumenstrauß(⸚e), bunch of flowers
das Kopfgeschirr(e), harness
   vornehm, elegant
   entsteigen, *entstieg*, *entstiegen*, to get out of
der Frack(⸚e), tail-coat
   spiegelnd, shining like a mirror
   herrlich, magnificent
   nackt, bare
das Seidentuch(⸚er), silk scarf

   gerafft, gathered up
die Schleppe(n), train
   tafeln, to dine
   damasten, of damask
die Tischdecke(n), table-cloth
die Vorspeise(n), first course
   eingemacht, preserved
der Krebsschwanz(⸚e), crab's tail
die Pastete(n), patty
   leer-essen, *aß*, *gegessen*, to empty
der Hasenbraten(-), roast hare
   verraten, *verriet*, *verraten*, to reveal
das Hühnerbein(e), chicken leg
   erkennen, *erkannte*, *erkannt*, to recognize
das Taschenmesser(-), pocket knife
   fett, fat
   vorsorglich, as a precaution
   heraus-ziehen, *zog*, *gezogen*, to pull out
die Preiselbeere(n), cranberry
   anständig, properly
im Wechsel, in turns
   spenden, to give away
   herbei-schleppen, to bring along
das Überbleibsel(-), left-over
die Brosame(n), crumb
die Braut(⸚e), bride
   ein-laden, *lud*, *geladen*, to invite
der Flur(e), passage
   ab-lehnen, to refuse
   füttern, to feed
die Schwalbe(n), swallow
   atzen, to feed
   auf-sperren, to open wide
der Schnabel(⸚), beak
die Brut, brood
   triefen, *troff*, *getroffen*, to drip
das Blut, blood
die Lustigkeit, gaiety
   steigern, to increase
   purpurfarben, purple
die Hosentasche(n), trouser pocket
   ent-häuten, to skin

verzehren, to eat
auf der Stelle, immediately
beneiden, to envy
kauen, to chew
zuversichtlich, confidently

die Tüte(n), paper bag
der Trubel, bustle
drücken, to press
das Auseinandergehen, parting
meistens, usually

Notes

eine Zugehefrau: daily help, also *Bedienerin* (*dienen*, to serve).

Pausebrote: thick slices of buttered bread taken from home to school to be eaten during break (*Pause* (f.), break). The same custom prevails in German schools now.

augenzwinkernd = mit den Augen zwinkernd: winking.

Hasen wurde das Fell abgezogen: hares were skinned (*Hase* (m.), hare; *Fell* (n.), skin).

ans abendliche Bett: his mother used to come to his bed every evening; cf. *in der abendlichen Stille*, in the calm of the evening.

das Schimmelgespann: team of white horses (*der Schimmel* (m.), white horse; cf. *Rappe* (m.), black horse).

die Brautmutter dürfe es wissen und lüde uns ein: the bride's mother knew about it and she invited us in. Note the subjunctives *dürfe* and *lüde . . . ein* used in reported speech (infinitives: *dürfen*, *einladen*).

Zu den Tortenstücken und den Mohrenköpfen, aus denen der Schlagrahm troff: the slices of cake and the 'Moors' Heads' from which the whipped cream was dripping (*Schlagrahm* (m.), or *Schlagsahne* (f.), whipped cream). *Mohrenköpfe* are small round cakes the size of a bun, made of a sponge-cake mixture. In some parts of Britain and in the United States it is known as 'Othello'.

Emmentaler: Swiss cheese from the *Emmental* = the valley of the river Emme.

beim Auseinandergehen: on parting. Before parting, however, the boy exchanged his fish for Martin's silver whistle. Later in the evening his father remarked: 'Well, if you've given away your fish for a whistle, you don't need any supper tonight. You can blow your whistle instead.'

PAUL EIPPER

Born 1891

9. Der Tierlehrer

Paul Eipper, who was born in Stuttgart, studied painting, then worked for a publishing firm. Passionately fond of *all* animals, he considers it to be his life's task to make their beauty understood by all those who are obliged to work in cities at a distance from nature. The delightful photographic illustrations of his animal books and his nature films are widely known. Of his sixteen published books *Die gelbe Dogge Senta* and *Tiere sehen dich an* are those best known abroad, the first concerning his friendship with the bulldog that joined the Eipper family, the title of the second being deliberately chosen by the author to make us realize that animals are not merely objects to be looked or stared at. At the age of seventy he published *Die geschmiedete Rose*, an autobiography of his youth which portrays middle-class life in Stuttgart at the turn of the century.

The following extract is taken from *Zirkus*, where Eipper describes the time during which he travelled with a circus, sharing the life of jugglers, clowns, trapeze artists, riders and tightrope walkers, making friends with all the animals, particularly the wild ones, and with Kaden, their trainer.

Selbstverständlich geschehen Fütterung und Pflege nur durch den Dompteur, und sobald die Tiere erst am Gitter bleiben, geht der Mann zu ihnen in die Arena, setzt sich auf einen Hocker und sieht zu. Er darf sich natürlich nicht wegen einiger Risse in seinen Hosen aufregen, wenn er Freund von jungen Raubtieren werden will. Doch die Gewöhnung bringt guten Kontakt; schon beschnuppern die Tier ihren Meister, reiben sich am Knie des Dompteurs, der mit leiser Stimme zu seinen vierbeinigen Kameraden spricht und — wenn sie es haben wollen — auch mit ihnen spielt.

Dabei trifft er die Auswahl; denn gerade durch das gemeinsame Spiel erhält er genaueste Kenntnis von der Begabung jedes ein-

44

zelnen, unterscheidet die Jähzornigen, die Dummen und die Faulen. Dieses Tier wird ein Springer aus Passion; der besonders breitköpfige Tiger ist bei aller Gutmütigkeit ein grimmiger Polterer. Sieh nur, er schleicht nicht, sondern greift fauchend an; daraus wird gewiß ein Prachtkerl! Der Kragenbär entpuppt sich als Clown; ein Löwe ist geradezu phlegmatisch und ganz ohne Nervosität, eignet sich also zum dekorativen Steher oben auf der Pyramide. Kaden legt seine Hand immer wieder dem Tier zwischen die Milchzähne; später wird der Dompteur seinen Kopf in den Löwenrachen stecken (heute ist das Mäulchen noch viel zu klein dazu!).

So baut sich der Tierlehrer aus der natürlichen Veranlagung seiner Pfleglinge die Schaunummer auf, noch ehe der erste Unterricht begonnen hat. Aber das Wachstum geht schnell; es entwickeln sich hier wirklich mit jedem Tag neue Schönheit, neue Kraft. Eine Arbeitseinteilung wird vorgenommen: die Löwen, Tiger, Bären müssen jetzt das kleine Abc erlernen. Darunter versteht der Dompteur dreierlei: 'Auf-den-Rufnamen-hören', 'An-Platz-gehen' und 'Ruhig-sitzen-bleiben'.

Bis zu diesem Punkt war Kaden mit seiner zweiten Gruppe gelangt, als er beim Zirkus eintraf. Nun kompliziert sich der Unterricht; man hat gewissermaßen die Elementarschule hinter sich. Abseits vom Trubel der Tierschau ist auf dem Grasboden eine Gitter-Arena gebaut; im jetzigen Stadium der Dressur kann Kaden keine Ablenkung gebrauchen. Ich stelle mich still neben den Raubtierwagen, worin auf Stroh die jungen Löwen liegen, und sehe zu, wie der Dompteur ein Stück rohen Fleisches in Würfelchen schneidet. Dann geht er in den Rundkäfig, stellt Requisiten auf — Hocker, kleine Brücken, eine Tonne — läßt auch absichtlich seine Peitsche am Boden liegen, nähert sich, unausgesetzt sprechend, der Stirnseite des Wagens, nimmt den Deckel ab, so daß die Löwen ihn sehen können.

Noch trennt das Eisengitter, aber die Tiere wittern den Fleischgeruch an Kadens Händen, drängen sich gegen die Stäbe. 'Kommt mal heraus!' sagt der Dompteur und öffnet den Schieber. Neugierig strecken die Löwen ihre Köpfe vor, plumpsen ungewollt ins

Gras. Da stehen sie, schon ganz stattliche Burschen, ein wenig verdutzt; denn plötzlich ist ringsum freier Raum: ein lebhaftes Fangespiel beginnt. Aber allzuweit kommt man nicht; immer wieder gibt es eiserne Schranken. Und was für seltsame Dinge stehen im Weg! Die helle Löwin fürchtet sich vor dem niedlichen Postament, macht einen Katzenbuckel, rennt davon, während ihr Bruder etwas beherzter ist und mit der Tatze vorsichtige Schläge gegen die Tonne führt.

Kaden har die ganze Zeit bewegungslos und stumm mitten in der Arena gesessen. Nun sagt er plötzlich mit heller Stimme 'Menelik', und im gleichen Augenblick fliegt durch die Luft ein Stückchen Fleisch, dicht vor des Löwen Nase. Das Tier erschrickt erst, frißt dann das Fleisch und schaut nach mehr. Kaden hebt kaum merklich die Hand; wieder sagte die Stimme 'Menelik'; ein zweites Fleischstück wird geworfen, fällt diesmal in die Mitte der Entfernung zwischen Mensch und Tier. Der Löwe muß sich also erheben, und kaum hat seine Zunge das Fleisch aufgenommen, fällt ein drittes Stück, noch näher zum Dompteur. 'Brav, Menelik, komm hierher!'

Das vierte Fleischstück steckt an der Spitze eines kurzen Stöckchens. Lange Zeit ist der Löwe mißtrauisch; aber seine Freßgier siegt: ein Schritt nach vorn, der zweite, zaudernd ein dritter; jetzt schnapp das Gebiß, der Kopf ruckt vor, das Fleisch ist vom Stock heruntergenommen, und der Löwe flieht in die entfernteste Ecke des Käfigs, aus Angst über seinen eigenen Mut. Aber Kaden hat Geduld; wieder ruft er 'Menelik'. Der Löwe spitzt die Ohren; noch einmal tönt das Wort, fliegt Fleisch durch die Luft; schon nach einer Stunde ist alle Scheu überwunden: Menelik kennt seinen Namen, folgt dem Ruf und nimmt behutsam das Fleisch aus Kadens Hand.

Nun wetzt Menelik seine Krallen am Hocker und möchte wissen, ob man das Ding umwerfen kann. Ganz zufällig ist Kaden vorbeigegangen, und nun riecht es seltsamerweise auch dort oben sehr verführerisch nach rohem Fleisch. Was bleibt dem Löwen anders übrig, als mit einem Satz auf den Hocker zu springen? 'Brav, Menelik!' sagt die vertraute Stimme und ein zweites Fleischstück fällt auf die Platte des Hockers. Menelik bekommt einen Schreck, springt zu Boden. Aber der Duft lockt; wieder schnellt das Tier hinauf; der Dompteur kommt näher, und diesmal bleibt der Löwe sitzen. 'Brav, sehr brav, Menelik!' Ein drittes Stück Fleisch wird dem Löwen zwischen die Zähne geschoben. Das schmeckt so gut, daß Menelik — ohne zu fauchen oder zu fliehen — mit breiter Zunge über die Hand des Menschen leckt. 'Wenn wir das täglich üben, küßt mich der Löwe auch noch als ausgewachsenes Tier. Das sieht gut aus bei der Vorführung.'

Unablässig wird alles wiederholt, zwanzig-, dreißigmal. Nun weiß auch der zweite Löwe seinen Namen; 'Menelik' und 'Sultan' folgen der Menschenstimme und dem lockenden Fleisch. 'Pause. Jetzt dürft ihr ein paar Stunden schlafen; nachmittags wird weitergeübt.'

PAUL EIPPER, *Zirkus* (Abridged)
By permission of the Author and R. Piper Verlag, München

Vocabulary

die Fütterung(en), feeding
die Pflege, care
der Dompteur(e), trainer
das Gitter(-), bars, fence
die Arena(s), (circus) arena
der Hocker(-), stool
   zu-sehen, sah, gesehen, to watch
der Riß(sse), tear
die Hose(n), trousers
sich auf-regen, to become upset
das Raubtier(e), beast of prey
die Gewöhnung, custom, habit
   beschnuppern, to sniff at
sich reiben, rieb, gerieben, to rub against
   vierbeinig, four-legged
die Auswahl(en), choice
   gemeinsam, together
   genau, exact
die Kenntnis(se), knowledge
die Begabung(en), talent
   unterscheiden, unterschied, unterschieden, to distinguish

jähzornig, hot-tempered
dumm, stupid
faul, lazy
die Gutmütigkeit, good nature
grimmig, furious
schleichen, schlich, geschlichen, to creep
an-greifen, griff, gegriffen, to attack
fauchen, to hiss, spit
der Prachtkerl(e), splendid fellow
sich entpuppen, to turn out to be
der Löwenrachen(-), lion's jaws
die Veranlagung(en), gift, talent
der Pflegling(e), charge
das Wachstum, growth
sich entwickeln, to develop
die Arbeitseinteilung, work plan
   dreierlei, of three kinds
der Rufname(n), (animal's) name
ein-treffen, traf, getroffen, to arrive
gewissermaßen, so to say

abseits, apart
der Trubel, bustle
die Tierschau(en), menagerie
die Ablenkung(en), distraction
roh, raw
das Würfelchen(-), small cube
die Tonne(n), barrel, tun
absichtlich, on purpose
die Peitsche(n), whip
unausgesetzt, continuously
die Stirnseite(n), front
der Deckel(-), cover
wittern, to sniff
sich drängen, to press
der Schieber(-), bar
neugierig, curious
verdutzt, startled
lebhaft, vivacious
das Fangespiel, hide-and-seek
die Schranke(n), barrier
niedlich, nice
das Postament(e), pedestal
der Katzenbuckel(-), arched back
die Tatze(n), paw
der Schlag(≃e), blow
die Entfernung(en), distance
sich erheben, erhob, erhoben, to rise

die Zunge(n), tongue
die Spitze(n), point
mißtrauisch, suspicious
die Freßgier, gluttony
siegen, to carry the day
zaudern, to hesitate
schnappen, to click
das Gebiß(sse), teeth
vor-rucken, to move forward
fliehen, floh, geflohen, to flee
die Scheu, nervousness
überwinden, überwand, überwunden, to get over
behutsam, careful
die Übung(en), exercise
wetzen, to sharpen
die Kralle(n), claw
riechen, roch, gerochen, to smell
seltsamerweise, strange to say
vertraut, familiar
der Duft(≃e), pleasant smell
locken, to tempt
schieben, schob, geschoben, to push
ausgewachsen, fully grown
die Vorführung(en), performance
unablässig, incessantly
die Menschenstimme(n), human voice

Notes

der breitköpfige Tiger = der Tiger mit dem breiten Kopf (breit, broad).

Polterer = jemand, der viel Lärm macht (poltern, to make a row; cf. *Polterabend*, eve-of-the-wedding party, and *Poltergeist*).

Kragenbär(en): Himalayan bear which has long hair forming a mane or collar on the neck (*Kragen* (m.), collar).

er eignet sich zum dekorativen Steher: he is suited for taking up a graceful pose (*sich eignen*, to be suited).

Mäulchen: diminutive of *Maul* (mouth of animals).

Schaunummer: a spectacular act.

Elementarschule: primary school which German children enter at the age of six and at which they remain for four years.

spitzt die Ohren: pricks up his ears (*spitzen*, to point, prick).

BERTOLD BRECHT

1898 – 1956

10. Andrea lernt sehen

Bertold Brecht was born in Augsburg, and, after spending the years of the Hitler régime in exile, returned to Germany and died in Berlin. He first studied Natural Sciences and Medicine, but then he turned to the stage and became famous as an outstanding theatrical producer in Berlin as well as the author of plays which have left their mark on the modern theatre. In most of his numerous plays such as *Die Dreigroschenoper* (based on Gay's 'Threepenny Opera'), *Der gute Mensch von Sezuan, Mutter Courage* and in others Brecht, who stood on the left politically, exposed the weakness of bourgeois society. After the last war he returned to the eastern sector of Berlin to direct the *Berliner Ensemble*, putting into practice his theories of the 'epic' theatre. He evolved the theory of 'alienation', insisting that what happens on the stage must not emotionally involve the spectator, whom Brecht expected to think about the problems presented in order to find a solution. He also wrote stories and essays concerning the stage.

The following extract is from *Leben des Galilei*, a play about the social responsibility of the scientist, in the centre of which stands Galileo Galilei. He is talking to the young son of his housekeeper.

GALILEI: Hast du, was ich dir gestern sagte, inzwischen begriffen?

ANDREA: Was? Das mit dem Kippernikus seinem Drehen?

GALILEI: Ja.

ANDREA: Nein. Warum wollen Sie denn, daß ich es begreife? Es ist sehr schwer, und ich bin erst im Oktober elf.

GALILEI: Ich will gerade, daß auch du es begreifst. Dazu, daß man es begreift, arbeite ich und kaufe die teuren Bücher, statt den Milchmann zu bezahlen.

ANDREA: Aber ich sehe doch, daß die Sonne abends woanders hält als morgens. Da kann sie doch nicht stillstehn! Nie und nimmer.

GALILEI: Du siehst! Was siehst du? Du siehst gar nichts. Du

glotzt nur. Glotzen ist nicht sehen. (*Er stellt den eisernen Waschschüsselständer in die Mitte des Zimmers.*) Also das ist die Sonne. Setz dich. (ANDREA *setzt sich auf einen Stuhl.* GALILEI *steht hinter ihm.*) Wo ist die Sonne, rechts oder links?

ANDREA: Links.

GALILEI: Und wie kommt sie nach rechts?

ANDREA: Wenn Sie sie nach rechts tragen, natürlich.

GALILEI: Nur so? (*Er nimmt ihn mitsamt dem Stuhl auf und vollführt mit ihm eine halbe Drehung.*) Wo ist jetzt die Sonne?

ANDREA: Rechts.

GALILEI: Und hat sie sich bewegt?

ANDREA: Das nicht.

GALILEI: Was hat sich bewegt?

ANDREA: Ich.

GALILEI (*brüllt*): Falsch! Dummkopf! Der Stuhl!

ANDREA: Aber ich mit ihm.

GALILEI: Natürlich. Der Stuhl ist die Erde. Du sitzt darauf.

FRAU SARTI (*ist eingetreten, das Bett zu machen. Sie hat zugeschaut*): Was machen Sie eigentlich mit meinem Jungen, Herr Galilei?

GALILEI: Ich lehre ihn sehen, Sarti.

FRAU SARTI: Indem Sie ihn im Zimmer herumschleppen?

ANDREA: Laß doch, Mutter, das verstehst du nicht.

FRAU SARTI: So? Aber du verstehst es, wie? Ein junger Herr, der Unterricht wünscht. Sehr gut angezogen und bringt einen Empfehlungsbrief. (*Übergibt diesen.*) Sie bringen meinen Andrea noch so weit, daß er behauptet, zwei mal zwei ist fünf. Er verwechselt schon alles, was Sie ihm sagen. Gestern abend bewies er mir schon, daß die Erde sich um um die Sonne dreht. Er ist fest überzeugt, daß ein Herr namens Kippernikus das ausgerechnet hat.

ANDREA: Hat es der Kippernikus nicht ausgerechnet, Herr Galilei? Sagen Sie es ihr selber!

FRAU SARTI: Was, Sie sagen ihm wirklich einen solchen Unsinn? Daß er es in der Schule herumplappert und die geistlichen Herren zu mir kommen, weil er lauter unheiliges Zeug vorbringt. Sie sollten sich schämen, Herr Galilei.

GALILEI (*frühstückend*): Auf Grund unserer Forschungen, Frau Sarti, haben, nach heftigem Disput, Andrea und ich Entdeckungen gemacht, die wir nicht länger der Welt gegenüber geheimhalten können. Eine neue Zeit ist angebrochen, ein großes Zeitalter, in dem zu leben eine Lust ist.

FRAU SARTI: So. Hoffentlich können wir auch den Milchmann bezahlen in dieser neuen Zeit, Herr Galilei. (*Auf den Empfehlungsbrief deutend.*) Tun Sie mir den einzigen Gefallen und schicken Sie den nicht auch wieder weg. Ich denke an die Milchrechnung, Herr Galilei. (*Ab.*)

GALILEI (*lachend*): Lassen Sie mich wenigstens meine Milch austrinken! (*Zu* ANDREA.) Einiges haben wir gestern also doch verstanden!

ANDREA: Ich habe es ihr nur gesagt, damit sie sich wundert. Aber es stimmt nicht. Den Stuhl mit mir haben Sie nur seitwärts um sich selbst gedreht und nicht so. (*Macht eine Armbewegung vornüber.*) Sonst wäre ich nämlich heruntergefallen, und das ist ein Fakt. Warum haben Sie den Stuhl nicht nach vorwärts gedreht? Weil dann bewiesen ist, daß ich von der Erde ebenfalls herunterfallen würde, wenn sie sich so drehen würde. Da haben Sie's.

GALILEI: Ich habe dir doch bewiesen . . .

ANDREA: Aber heute nacht habe ich gefunden, daß ich da ja, wenn sich die Erde so drehen würde, mit dem Kopf die Nacht nach unten hängen würde. Und das ist ein Fakt.

GALILEI (*nimmt einen Apfel vom Tisch*): Also das ist die Erde.

ANDREA: Nehmen Sie nicht immer lauter solche Beispiele, Herr Galilei. Damit schaffen Sie's immer.

GALILEI (*den Apfel zurücklegend*): Schön.

ANDREA: Mit Beispielen kann man es immer schaffen. Nur, ich kann meine Mutter nicht in einem Stuhl herumschleppen wie Sie mich. Da sehen Sie, was das für ein schlechtes Beispiel ist. Und was ist, wenn der Apfel also die Erde ist? Dann ist gar nichts.

GALILEI (*lacht*): Du willst es ja nicht wissen.

ANDREA: Nehmen Sie ihn wieder. Wieso hänge ich nicht mit dem Kopf nach unten nachts?

GALILEI: Also hier ist die Erde, und hier stehst du. (*Er steckt einen Holzsplitter von einem Ofenscheit in den Apfel.*) Und jetzt dreht sich die Erde.

ANDREA: Und jetzt hänge ich mit dem Kopf nach unten.

GALILEI: Wieso? Schau genau hin! Wo ist der Kopf?

ANDREA (*zeigt am Apfel*): Da. Unten.

GALILEI: Was? (*Er dreht zurück.*) Ist er etwa nicht an der gleichen Stelle? Sind die Füße nicht mehr unten? Stehst du etwa, wenn ich drehe, so? (*Er nimmt den Splitter heraus und dreht ihn um.*)

ANDREA: Nein. Und warum merke ich nichts von der Drehung?

GALILEI: Weil du sie mitmachst! Du und die Luft über dir und alles, was auf der Kugel ist.

ANDREA: Und warum sieht es so aus, als ob die Sonne läuft?

GALILEI (*dreht wieder den Apfel mit dem Splitter*): Also unter dir siehst du die Erde, die bleibt gleich, sie ist immer unten und bewegt sich für dich nicht. Aber jetzt schau über dich. Nun ist die Lampe über deinem Kopf, aber jetzt, was ist jetzt, wenn ich gedreht habe, über deinem Kopf, also oben?

ANDREA (*macht die Drehung mit*): Der Ofen.

GALILEI: Und wo ist die Lampe?

ANDREA: Unten.

GALILEI: Aha!

ANDREA: Das ist fein, das wird sie wundern.

BERTOLD BRECHT, *Leben des Galilei* (1955)
By permission of Suhrkamp Verlag, Frankfurt a. M.

Vocabulary

begreifen, to understand	*lehren,* to teach
drehen, turn	*herum-schleppen,* to carry around
woanders, elsewhere	*übergeben, übergab, übergeben,* to present
glotzen, to stare	
die Drehung(en), rotation	*behaupten,* to insist
sich bewegen, to move	*beweisen,* to prove
brüllen, to shout	*überzeugt,* convinced
falsch, wrong	*aus-rechnen,* to calculate
der Dummkopf(⸚e), fool	*herum-plappern,* to chatter

geistlich, clerical, spiritual
unheilig, unholy
das Zeug, stuff
auf Grund, on the basis of
die Forschung(en), research
heftig, violent
geheim-halten, hielt, gehalten, to keep secret
an-brechen, brach, gebrochen, to begin
das Zeitalter(–), era
die Lust, joy

deuten, to point to
der Gefallen, favour
sich wundern, to be surprised
seitwärts, sideways
vornüber, forward
das Beispiel(e), example
schaffen, to manage
der Splitter(–), splinter
das Ofenscheit(e), log
mit-machen, to join in
die Kugel(n), ball

Notes

Galileo Galilei (1564 – 1642): Italian astronomer who made many important discoveries. His opinion that the earth revolved round the sun was in contradiction with the Scriptures; therefore Pope Paul V forbade him to 'hold, teach or defend' this doctrine. The play shows the events leading up to Galilei's recantation and life on his small estate near Florence where he was under house-arrest and observation during the remaining eight years of his life. Brecht blamed Galilei for recanting, because he saw in this action a betrayal of science, which ought to serve the progress of mankind.

Das mit dem Kippernikus seinem Drehen? = *die Drehungen des Kopernikus?* (astronomer who lived from 1473 to 1543).

ein eiserner Waschschüsselständer = *ein eiserner Ständer für die Waschschüssel:* an iron stand for the hand basin (*eisern*, made of iron; *Waschschüssel* (f.), hand basin).

der Empfehlungsbrief: introduction or letter of recommendation (*Empfehlung* (f.), recommendation).

HERMANN KASACK

Born 1896

11. Die Spielzeugeisenbahn

Hermann Kasack, the son of a doctor, was born at Potsdam near Berlin. After studying German at university, he worked as a reader for a publishing firm at the same time as he was building up his literary reputation. He now lives at Stuttgart, and he is the President of the *Deutsche Akademie für Sprache und Dichtung*. Kasack began his literary career with expressionist poems, and his volume *Das ewige Dasein* contains poems written over twenty-five years. Then followed numerous works in prose and several plays such as *Archimedes* and one about the painter Vincent Van Gogh called *Vincent*. Among his works his important novel *Die Stadt hinter dem Strom* (published in English under the title *The City beyond the River*) aroused great interest in Germany and abroad: Robert Lindhoff, the only survivor in a city of the dead, is bewildered by a vision of life after death in a city run according to its own strange laws.

The first of our extracts from the work of Kasack is from *Tull der Meisterspringer*, a delightful tale for the young originally written for children's radio. After adapting a series of plays from the Doctor Doolittle books Kasack created his own fantastic character called *Tull*. After ten successful radio plays about Tull (1932–33) his adventures were published in book form. Here you can read how two little boys, Fips and Faps, enter the Ministry of Railways because Tull ordered them to ask the Minister for some old railway carriages so that the children's colony could build a settlement in the heart of the forest.

Fips und Faps traten in einen großen Raum. Nichts regte sich. Aber — was war denn das? Kaum trauten sie ihren Augen. Die schönste Spielzeugeisenbahn der Welt war hier aufgebaut!

Naturgetreu waren Bahnhöfe nachgebildet, Schienengeleise liefen um das ganze Zimmer und verzweigten sich, ein Stellwerk war da, ansteigende und abfallende Bahndämme, Brücken,

Überführungen. Und Eisenbahnwagen, die sich von den richtigen in nichts unterschieden.

Sie kamen aus dem Staunen nicht heraus. Müßte das Spaß machen, damit zu spielen! Fips versuchte, einen der kleinen Züge vorwärtszuschieben: er ließ sich wirklich bewegen. Faps war der Ansicht, daß sich das Ganze elektrisch betreiben lassen müßte.

'Hier läuft ja die Stromschiene!' rief Fips.

Faps stellte eine Weiche. Es gab einen scharfen Knacks.

'So geht das nicht,' meinte Fips. 'Die Weichen werden auch elektrisch vom Stellwerk aus bedient. Wenn man nur wüßte, wo es eingeschaltet wird! Hier laufen ja die Drähte!'

Er sah sich um. Auf einem Tisch an der Seite entdeckte er ein Brett mit Schalthebeln und Knöpfen. Er drückte auf einen Knopf. Ein Läutewerk ertönte, und hinten in der Ecke schloß sich eine Schranke.

'Mach nur nichts kaputt!' warnte Faps.

'Was soll schon sein?' wehrte Fips ab. 'Ich kenne mich in solchen Sachen aus. Ich muß nur erst herausbekommen, was die einzelnen Schaltungen bedeuten. Warte mal.'

Er drückte auf einen anderen Knopf. Eines der kleinen Signale stellte sich auf Freie Fahrt und gab grünes Licht.

'Wunderbar!' rief Faps.

'Jetzt weiß ich schon Bescheid,' meinte Fips. 'Paß mal auf, was nun geschieht!' Dabei drehte er den einen Hebel nach rechts.

Aber es geschah gar nichts. Fips probierte an einigen anderen herum, aber es blieb alles tot. Faps riet ihm, die Hände davon zu lassen, doch Fips wollte nicht hören. Er schaltete bald hier, bald da, nach rechts, nach links, und auf einmal flammten überall Lichter auf: grün, rot, weiß. Auch einer der Züge glühte elektrisch beleuchtet auf. Beide fanden es fabelhaft.

'Siehst du,' sagte Fips, 'jetzt stimmt der Kontakt, jetzt ist Strom da.'

Plötzlich, er wußte gar nicht, welchen Hebel er benutzt hatte, bewegte sich der Zug an der gegenüberliegenden Wand und begann von allein zu fahren. Es sah herrlich aus. Kaum hatte sein letzter Wagen ein Signal passiert, senkte er sich automatisch auf Halt und gab rotes Licht. Sie hatten gedacht, der Zug würde auf dem nächsten Bahnhof von selber halten, aber er fuhr zu ihrer Verwunderung glatt durch.

'Schalte aus, laß ihn anhalten,' rief Faps aufgeregt.

Fips drückte den Hebel zurück, aber der Zug fuhr weiter. Statt dessen hatte Fips unwillkürlich einen Kontakt ausgelöst, wodurch ein anderer Zug in Bewegung gesetzt wurde. Er kam rasch in Fahrt und fuhr auf dem Nebengleis in entgegengesetzter Richtung dahin. Das gab zwar eine neue Überraschung, und es sah großartig aus, wie beide Züge in einer Kurve aneinander vorbeisausten, aber Fips bekam es allmählich mit der Angst. Ohne daß er irgend etwas am Schaltbrett unternahm, stellte sich automatisch bald diese, bald jene Weiche um, und dort ging eine Schranke hoch, obwohl der Zug heranbrauste und sie eigentlich geschlossen bleiben müßte, überall knackte es, Signale flammten auf und erloschen.

Plötzlich sahen die Jungen, wie der erste Zug, der schon zweimal die Rundstrecke des Zimmers zurückgelegt hatte, unbegreiflicherweise auf das linke Gleis gelangt war, auf dem ihm der andere Zug entgegenbrauste.

'Schalte aus!' schreit Faps.

'Halte die Züge fest,' brüllt Fips, 'sonst gibt's Bruch!'

Verzweifelt ruckt er an einzelnen Hebeln, drückt auf die Knöpfe, aber er macht es nur noch schlimmer. Ein Läutewerk beginnt zu klingeln. Es surrt und schnurrt überall: ein Heidenspektakel!

Da — unmittelbar vor dem Zusammenstoß — stehen die Züge. Es ist wie ein Wunder. Die Jungen, die vor Schreck ganz blaß geworden sind, atmen auf. Aber im nächsten Augenblick beginnen beide Züge nach rückwärts zu fahren, und der Spuk geht von neuem los. Wieder knacken die Weichen, springen geheimnisvolle Signale auf und nieder, in allen Ecken und Enden schnarrt und rasselt es. Ein Wagen hat sich losgekoppelt und steht verloren auf der Strecke, Faps nimmt ihn rasch von den Schienen.

Als plötzlich eine Stimme erschallt: 'Was ist denn los hier?' —

da fällt ihnen wieder das Herz in die Hosen. Sie wagen nicht auf-
zusehen und möchten sich am liebsten unsichtbar machen.

Der Mann, der aus dem Nebenzimmer in den Saal getreten war,
ging zum Schalttisch, machte ein paar Griffe: schon stand der eine
Zug still, jetzt der andere; die Lichter verloschen; Stille und
Unbeweglichkeit.

HERMANN KASACK, *Tull der Meisterspringer* (Abridged)

Franz Schneider Verlag, Leipzig

By permission of the Author

Vocabulary

sich regen, to move
  trauen, to believe, trust
  naturgetreu, true to nature
  nach-bilden, to copy
das Schienengeleise(–), railway track
sich verzweigen, to branch out
das Stellwerk(e), signal box
  an-steigen, stieg, gestiegen, to rise
  ab-fallen, fiel, gefallen, to slope
    away
der Bahndamm(⸚e), railway embank-
    ment
die Überführung(en), viaduct
*sich unterscheiden, unterschied, unter-
    schieden,* to differ
das Staunen, amazement
  vorwärts-schieben, schob, geschoben,
    to push forward
die Ansicht(en), opinion
  betreiben, betrieb, betrieben, to work
die Stromschiene(n), live rail
die Weiche(n), points
der Knacks, crack
  ein-schalten, to switch on
der Draht(⸚e), wire
sich um-sehen, sah, gesehen, to look
    round
  entdecken, to discover
das Brett(er), board
der Schalthebel(–), switch, lever

der Knopf(⸚e), button
  drücken, to press
das Läutewerk(e), electric bell
  ertönen, to sound
sich schließen, schloß, geschlossen, to
    shut
die Schranke(n), barrier
  kaputt machen, to break, spoil
sich aus-kennen, kannte, gekannt, to
    know what to do
die Schaltung(en), circuit
  auf-passen, to pay attention
der Hebel(–), lever
  probieren, to try
  überall, everywhere
  auf-glühen, to glow
  fabelhaft, fabulous
der Strom(⸚e), current
  gegenüberliegend, opposite
  passieren, to pass
sich senken, to be lowered
  durch-fahren, fuhr, gefahren, to
    travel through
die Verwunderung, amazement
  aufgeregt, excited
  unbekümmert, unconcerned
  unwillkürlich, unintentional
  aus-lösen, (here) to switch on
  wodurch, whereby
die Bewegung(en), movement

C

das Nebengleis(e), siding
   entgegengesetzt, opposite
die Richtung(en), direction
die Überraschung(en), surprise
die Kurve(n), bend, turn
   vorbei-sausen, to whizz past
das Schaltbrett(er), switchboard
   unter-nehmen, nahm, genommen, to
     undertake
sich um-stellen, to change position
   heran-brausen, to approach roaring
   eigentlich, really
   auf-flammen, to light up
   erlöschen, to be extinguished
die Rundstrecke(n), circular track
   unbegreiflicherweise, inexplicably
das Gleis(e), track
   aus-schalten, to switch off
   verzweifelt, desperate
   rücken, to move

die Übersicht, control
   surren, to buzz
   schnurren, to hum
der Heidenspektakel, terrible noise
   unmittelbar, directly
der Zusammenstoß(¨e), collision
   auf-atmen, to heave a sigh of relief
der Spuk(e), noise, spook
   los-gehen, ging, gegangen, to start
   geheimnisvoll, mysterious
   schnarren, to buzz
   rasseln, to rattle
   los-koppeln, to unleash
   erschallen, to sound
das Nebenzimmer(–), adjoining room
der Schalttisch(e), switchboard
   verlöschen, to go out
die Stille, silence
die Unbeweglichkeit, immobility

Notes

Spielzeugeisenbahn: model railway (*Spielzeug* (n.), toy).

Freie Fahrt: the green light which indicates that the track is clear.

Fips bekam es allmählich mit der Angst: gradually Fips got scared (*Angst* (f.), fright).

sonst gibt's Bruch: or else something is going to break (*Bruch* (m.), breakage).

da fällt ihnen wieder das Herz in die Hosen: once more their heart is in their boots or in their mouth (*Herz* (n.), heart; *Hosen* (pl.), trousers).

12. Mechanischer Doppelgänger

The second example from the work of Hermann Kasack is in a very different vein. It is a complete short story, most skilfully executed, dealing with the topical problem of automation. *Mechanischer Doppelgänger* may be enjoyed as science-fiction entertainment but, as in *Die Stadt hinter dem Strom,* one cannot fail to perceive between the lines the author's horror of a soulless and purely technical civilization. In the following story he gives an unmistakable warning as to what may happen to the culture of the West.

'Ein Herr wünscht Sie zu sprechen', meldete die Sekretärin. Ich las auf der Besuchskarte: Tobias Hull, B.A. — Keine Vorstellung. Auf meinen fragenden Blick: 'Ein Herr in den besten Jahren, elegant.'

Anscheinend ein Ausländer. Immer diese Störungen. Irgendein Vertreter. Oder? Was weiß man. — 'Ich lasse bitten.'

Herr Tobias Hull tritt mit vorsichtigen Schritten ein. Er setzt Fuß vor Fuß als fürchte er, zu stark aufzutreten. Ob er leidend ist? Ich schätze sein Alter auf Mitte vierzig. Eine große Freundlichkeit strahlt aus seinem glattrasierten, nicht unsympathischen Gesicht. Sehr korrekt angezogen, beinahe zu exakt in seinen verbindlichen Bewegungen, scheint mir. Nun, man wird sehen. Mit der Hand zum Sessel weisend: 'Was verschafft mir die Ehre Ihres Besuches?'

'Oh! Ich wollte mich Ihnen nur vorstellen.'

'Sehr angenehm', sage ich.

'Oh! Sie verstehen!' Dieses mit einem leicht jaulenden Ton vorgebrachte Oh! ist unnachahmlich. Seine müde, etwas monotone Stimme hat einen kleinen fremden Akzent. Er sieht mich mit freundlicher Erwartung an.

Über das Benehmen meines Besuches doch ein wenig erstaunt, wiederhole ich: 'Sehr angenehm. Aber darf ich Sie fragen —'

Da werde ich sogleich mit seinem 'Oh!' unterbrochen: 'Bitte fragen Sie mich nicht.' Und dann beginnt er seine Geschichte zu erzählen, die er anscheinend schon hundertmal vorgebracht hat: 'Ich bin nämlich ausgestopft!'

'Aber — erlauben Sie mal!'

Das eigentümliche Wesen, das mich überlegen fixiert, beachtet den Einwurf nicht, sondern fährt unbeirrt fort: 'Erschrecken Sie nicht, weil ich eine Art Automat bin, eine Maschine in Menschenform, ein Ersatz sozusagen. Mr. Tobias Hull existiert wirklich. Der Chef einer großen Fabrik zur Herstellung von mechanischen Doppelgängern. Ich bin, wie man sagt, seine Projektion, ja, Agent in Propaganda. Ich kann Ihnen natürlich meinen Mechanismus im einzelnen nicht erklären — Sie verstehen — Fabrikationsgeheimnis! Aber wenn Sie daran denken, daß die meisten Menschen heutzutage ganz schablonenmäßig leben, handeln und denken, dann werden Sie sofort begreifen, worauf sich unsere Theorie gründet! Herz und Verstand werden bei uns ausgeschaltet. Sie sind es ja, die im Leben so oft die störenden Komplikationen hervorrufen. Bei uns ersetzt die Routine alles. Sehr einleuchtend, nicht wahr?'

Ich nickte verstört.

'Oh! Mein Inneres ist ein System elektrischer Ströme, automatischer Hebel, großartig! Eine Antennenkonstruktion, die auf die feinsten Schwingungen reagiert. Sie läßt mich alle Funktionen eines menschlichen Wesens verrichten, ja, in gewisser Weise noch darüber hinaus. Sie sehen selbst, wie gut ich funktioniere.'

Zweifelnd, mißtrauisch betrachte ich das seltsame Geschöpf. 'Unmöglich!' sage ich. 'Ein Taschenspielertrick. Sehr apart. Indessen —'.

'Oh! Ich kann mich in sieben Sprachen verständigen. Wenn ich zum Beispiel den obersten Knopf meiner Weste drehe, so spreche ich fließend englisch, und wenn ich den nächsten Knopf berühre, so spreche ich fließend französisch, und wenn ich —.'

'Das ist wirklich erstaunlich!'

'Oh! In gewisser Weise; aber vor allem angenehm. Wünschen Sie ein Gespräch über das Wetter, über Film, über Sport? Über Politik oder abstrakte Malerei? Fast alle Themen und Vokabeln des modernen Menschen sind in mir vorrätig. Alles sinnreich, komfortabel und praktisch. Wie angenehm wird es für Sie sein, wenn Sie sich erst einen mechanischen Doppelgänger von sich halten — oder besser, wenn Sie gleich zwei Exemplare von sich zur Verfügung haben. Sie können gleichzeitig verschiedene Dienstreisen unternehmen, an mehreren Tagungen teilnehmen, überall gesehen werden und selber obendrein ruhig zu Hause sitzen. Sie haben einen Stellvertreter Ihres Ich, der Ihre Geschäfte wahrscheinlich besser erledigt als Sie selbst. Sie werden das Doppelte verdienen und können Ihre eigene Person vor vielen Überflüssigkeiten des Lebens bewahren. Ihr Wesen ist vervielfältigt. Sie können sogar sterben, ohne daß die Welt etwas davon merkt. Denn wir Automaten beziehen unsere Existenz aus jeder Begegnung mit wirklichen Menschen.'

'Aber dann werden ja die Menschen allmählich ganz überflüssig.'

'Nein! Aus eben diesem Grunde nicht. Zwei Menschenautomaten können mit sich selber nur wenig anfangen. Haben Sie also einen Auftrag für mich?'

Mit jähem Ruck sprang das Wesen auf und sauste im Zimmer hin und her.

'Oh! Wir können auch die Geschwindigkeit regulieren. Berühmte Rennfahrer und Wettläufer halten sich schon Doppelgänger-Automaten, die ihre Rekorde ständig steigern.'

'Phantastisch! Man weiß bald nicht mehr, ob man einen Menschen oder einen Automaten vor sich hat.'

'Oh!' zischte es an mein Ohr, 'das letzte Geheimnis der Natur werden wir nie ergründen. — Darf ich also ein Duplikat von Ihnen herstellen lassen? Das hineingesteckte Kapital wird sich bestimmt rentieren. Morgen wird ein Herr kommen und Maß nehmen. Sie sind nicht besonders kompliziert zusammengesetzt, das ist günstig.'

'Die Probe Ihrer Existenz war in der Tat verblüffend, jedoch —.' Mir fehlten die Worte und ich tat so, als ob ich überlegte.

'Jedoch, sagen Sie nur noch: Der Herr, der morgen kommen soll, ist das nun ein Automat oder ein richtiger Mensch?'

'Ich nehme an, noch ein richtiger Mensch. Aber es bliebe sich gleich. Guten Tag.'

Mr. Tobias Hull war fort. Von Einbildung kann keine Rede sein, die Sekretärin ist mein Zeuge. Aber es muß diesem Gentlemangeschöpf unmittelbar nach seinem Besuch bei mir etwas zugestoßen sein, denn weder am nächsten noch an einem späteren Tage kam jemand, um für meinen Doppelgänger Maß zu nehmen. Doch hoffe ich, wenigstens durch diese Zeilen die Aufmerksamkeit der Tobias-Hull-Gesellschaft wieder auf meine Person zu lenken.

Denn eines weiß ich seit jener Unterhaltung gewiß: Ich bin inzwischen vielen Menschen begegnet, im Theater und im Kino, im Klub und beim Stammtisch, die bestimmt nicht sie selber waren, sondern bereits ihre mechanischen Doppelgänger.

HERMANN KASACK, *Deutsche Erzähler der Gegenwart*
Verlag Philipp Reclam Jun.
By Permission of the Author

Vocabulary

der Doppelgänger(-), double
melden, to announce
die Sekretärin(nen), secretary
die Besuchskarte(n), visiting-card
die Vorstellung(en), idea
anscheinend, obviously
der Ausländer(-), foreigner
die Störung(en), disturbance
der Vertreter(-), representative
leidend, ill
schätzen, estimate
glattrasiert, clean-shaven
verbindlich, obliging
die Bewegung(en), gesture
die Ehre(n), honour
sich vorstellen, to introduce oneself
jaulend, drawling
unnachahmlich, inimitable
die Erwartung(en), expectation
das Benehmen, manner, behaviour
ausgestopft, stuffed
eigentümlich, strange
das Wesen(-), creature
überlegen, in a superior way
fixieren, to stare at
der Einwurf(⸚e), objection
fort-fahren, fuhr, gefahren, to continue
unbeirrt, unperturbed
die Fabrik(en), factory
die Herstellung, production
das Fabriksgeheimnis(se), trade secret
heutzutage, nowadays
schablonenmäßig, in a stereotyped way
handeln, to act
begreifen, begriff, begriffen, to understand

sich gründen auf, to be based on
der Verstand, reason
aus-schalten, to eliminate
störend, irritating
hervor-rufen, rief, gerufen, to call forth
ersetzen, to replace
einleuchtend, obvious
verstört, bewildered
der Strom(⸚e), current
der Hebel(-), handle
die Antenne(n), aerial
die Schwingung(en), vibration
reagieren, to react
verrichten, to perform
der Taschenspielertrick(s), conjurer's trick
apart, remarkable
sich verständigen, to make oneself understood
der Knopf(⸚e), button
erstaunlich, remarkable
die Malerei(en), painting
vorrätig, in stock
sinnreich, ingenious
die Verfügung, disposal
die Tagung(en), meeting
die Überflüssigkeit(en), unnecessary things
bewahren, to preserve from
vervielfältigt, multiplied
sterben, starb, gestorben, to die
beziehen, bezog, bezogen, derive
die Begegnung(en), contact
überflüssig, superfluous
der Auftrag(⸚e), order
jäh, abrupt
der Ruck, jerk

hin und hersausen, to dash to and fro
der Rennfahrer(–), racing driver
der Wettläufer(–), runner
der Automat(en), robot
   ständig, continuously
steigen, stieg, gestiegen, to increase
zischen, to hiss
ergründen, to get to the bottom of
her-stellen, to manufacture
hineingesteckt, invested

sich rentieren, to pay its way
das Maß(e), measure
günstig, favourable
verblüffend, amazing
überlegen, to think something over
   richtig, real
die Einbildung, hallucination
die Rede(n), (here) question
der Zeuge(n), witness
die Zeile(n), line
die Aufmerksamkeit, attention
   lenken, to direct

HEINZ RISSE

Born 1898

13. Die Probe

Heinz Risse, who was born in Düsseldorf, was almost fifty years old when he began to write. He is a chartered accountant who earns his living by examining the books of large business concerns, and can therefore afford to write for pleasure. His considerable literary output comprises novels, stories, essays and delightful fables. Asked which of his books he loves best, Risse admits that (although to him all completed books are like cast-off children) he prefers his book about the painter Paul Cézanne and his novels *Dann kam der Tag, Sören der Lump* and his very first novel, *Wenn die Erde bebt*. Risse often writes about the way people behave when confronted with injustice. By studying the way in which they become guilty and go wrong, the author tries to make the reader examine his own conscience.

The following extract is from the short story entitled *Der Diebstahl*. Over thirty years ago, before emigrating overseas, Herr Nissing's friend took some banknotes from Nissing's writing-desk. Now he has come back wishing to make good the theft. While he is waiting in Nissing's study he slips into the unlocked drawer where money is kept three notes of a thousand *Kronen* each, representing the amount stolen increased by a handsome interest. Now read on.

Nissing betrat das Zimmer, er erkannte den Gast auf den ersten Blick — 'du bist es?', fragte er, 'ich freue mich aufrichtig, wie lange haben wir uns nicht gesehen, du lebst im Ausland, hast es zu etwas gebracht, man sieht es dir an, ich sprach auch einmal mit jemandem, der dich getroffen hat, er ist, glaube ich, in deiner Fabrik gewesen, vor fünf oder sechs Jahren war das. Aber du hast mir nie eine Zeile geschrieben. . . .'

'Nein.'

'Du hattest eine schwere Zeit, wie? Aber nun bist du ja wohl

drüber weg? Du wirst länger bleiben, ein paar Wochen, ja?
Natürlich bist du mein Gast, es ist Platz genug im Hause.'

'Verzeih', erwiderte der Besucher, 'ich muß morgen weiter, das
Schiff geht am Abend. Früher hatte ich Zeit, heute habe ich Geld,
beides zugleich zu besitzen sind wir nicht geschaffen. Ich wollte
dich auch nur wiedersehen, mißversteh' mich nicht, für mich
würde ein Beisammensein von fünf Minuten ausreichen. Ich
wünschte dich um Verzeihung zu bitten.'

Herr Nissing lachte.

'Du mich um Verzeihung bitten', rief er, 'aber nein, du bist ja
sonderbar. Weil du nicht geschrieben hast, wie? Aber das war doch
völlig unnötig, davon hat unsere Freundschaft nie abgehangen.'

Er lachte schallend und schlug dem Gast auf die Schulter.
'Komm ins Wohnzimmer', sagte er, 'wir wollen eine Flasche Wein
trinken.'

'Ein Anlauf,' dachte der Fremde, 'aber ich wage nicht zu
springen.' Sie gingen hinüber.

'Du bist verheiratet?' fragte der Gast.

'Ich war es', erwiderte Nissing. 'Meine Frau ist gestorben. Vor
zehn Jahren. Zwei Jahre nach deiner Abreise hatte ich sie geheiratet. Und du?'

'Ich lebe allein. Du hast Kinder?'

'Ja. Einen Sohn. Er ist zweiundzwanzig.'

'So, zweiundzwanzig? Ein hoffnungsvolles Alter.'

'Ja, hoffnungsvoll.'

Der Gast schwieg einen Augenblick. 'Du sagst das', erwiderte er,
'als ob du skeptisch wärest in Bezug auf Hoffnungen . . . verzeih'
mir, aber ich glaubte, einen Unterton zu hören, vielleicht irre ich
mich.'

'Nein, du irrst dich nicht. Aber ich könnte dir nichts Bestimmtes
darüber sagen, noch nicht, vielleicht später. Es hängt alles von der
Probe ab — ob er sie besteht, begreifst du? Ich stelle ihn auf die
Probe.'

'Ja. Auf was für eine Probe?'

Nissing wich zurück. 'Ich weiß nicht', sagte er, 'ob ich davon
sprechen soll, jetzt schon, vielleicht sollte ich das Ergebnis

abwarten.' Er betrachtete den Gast zweifelnd. 'Aber andererseits', murmelte er, 'was ist verloren? Schließlich sind wir gute Freunde, nicht wahr?'

'Ja, gute Freunde', erwiderte der Gast; die gefühlvollen Worte Nissings machten ihn verlegen.

'Erinnerst du dich', fragte Nissing plötzlich, 'daß ich vor vielen Jahren einmal bestohlen worden bin? Der Betrag war nicht allzu hoch, tausend oder zwölfhundert Kronen, wenn ich mich recht erinnere, nur war es damals für mich ziemlich viel Geld, der größte Teil des Honorars für meine erste Erfindung, ich hatte es im Schreibtisch meines Vaters verwahrt, der kurz zuvor gestorben war, doch nein, du kannst davon nichts wissen, ich glaube, du warst damals schon ausgewandert.'

Trockene Kehle, dachte der Gast. 'Du hattest das Geld im Schreibtisch verwahrt', fragte er, 'und ihn nicht abgeschlossen?'

'Nein, nicht abgeschlossen.'

'Und das Geld wurde gestohlen?'

'Nicht alles. Etwa die Hälfte. Den Rest ließ der Dieb liegen.'

'Du hattest keinen Verdacht?'

'Doch, natürlich. Ich hatte damals eine Haushälterin, nach meiner Vermutung die einzige Person, die den Diebstahl ausgeführt haben konnte. Ich entließ sie.'

'Du nanntest ihr den Grund?'

'Nein. Ich hielt es für zwecklos; sicherlich hätte sie geleugnet, und ich konnte ihr nichts beweisen.'

'Was geschah dann?'

'Nichts. Ich bin ein wenig mißtrauisch geworden, damals. Zwar lasse ich dann und wann noch Geld liegen, aber ich zähle es ab und beobachte die, die in seine Nähe kommen. So stelle ich sie auf die Probe.'

'Auch deinen Sohn?'

'Ja.'

'Wo verwahrst du das Geld, mit dem du ihn in Versuchung zu führen wünschest?'

'Im Schreibtisch auf meinem Büro.'

'Du hast die Nummern der Scheine notiert, die dort liegen?'

'Nein.'

'Aber den Betrag hast du aufgeschrieben?'

'Wozu? Ich kenne ihn auswendig.'

Der Gast zuckte die Achseln.

'Mit einer Zahl irrt man sich leicht', sagte er.

Sie hörten, daß die Haustür geöffnet wurde: 'Das ist er', sagte Nissing. 'Er hat mir schon heute mittag angekündigt, daß er den Abend mit Freunden verbringen werde, und ich habe die Frage offen gelassen, ob ich ins Theater gehen würde. Das Mädchen habe ich soeben fortgeschickt; er wird glauben, daß ich nicht im Hause bin.' Die Schritte von der Haustüre her entfernten sich die Treppe hinauf.

'Er wird sich umziehen', sagte Nissing.

'Findest du nicht', fragte der Gast, 'daß dieser Argwohn gegen deinen Sohn etwas Schreckliches ist? Hast du wenigstens einen Grund für deinen Verdacht?'

Nissing neigte sich zu dem Gast hinüber.

'Einen?' fragte er. 'Drei, vier oder fünf, seinen Aufwand, seine Schulden, du wirst mir ersparen, sie alle aufzuzählen. Aber heute will ich wissen, ob ich ihm mißtrauen muß oder nicht.'

Sie saßen und tranken, ohne zu sprechen; nach einiger Zeit hörte man Schritte die Treppe heraufkommen, eine Tür klappte, 'er ist ins Büro gegangen', sagte Nissing, der Gast nickte.

Zwei oder drei Minuten folgten, die mit einer kaum noch erträglichen Spannung belastet waren, dann klappte die Tür wieder — Stille.

HEINZ RISSE, *Der Diebstahl*
By permission of Albert Langen Georg Müller Verlag, München

Vocabulary

die Probe(n), test, trial
der Blick(e), glance
   aufrichtig, sincere
es bringen (*zu etwas*), *brachte*, *ge-*
   bracht, to succeed
die Fabrik(en), factory
die Zeile(n), line

verzeihen, verzieh, verziehen, to forgive
besitzen, besaß, besessen, to possess
geschaffen, created
mißverstehen, mißverstand, miß-
   verstanden, to misunderstand
das Beisammensein, meeting

aus-reichen, to be sufficient
sonderbar, strange
unnötig, unnecessary
ab-hängen, hing, gehangen, to depend
schallend, resounding
der Anlauf(¨e), start
wagen, to dare
verheiratet, married
schweigen, schwieg, geschwiegen, to be silent
sich irren, to be mistaken
bestehen aus, bestand, bestanden, to consist of
zurück-weichen, wich, gewichen, to retreat
das Ergebnis(se), result
betrachten, to contemplate
zweifelnd, doubtful
andererseits, on the other hand
die Erfindung(en), invention
verwahren, to keep
sterben, starb, gestorben, to die
der Verdacht, suspicion

die Haushälterin(nen), housekeeper
die Vermutung(en), conjecture
der Diebstahl(¨e), theft
aus-führen, to commit
entlassen, entließ, entlassen, to dismiss
der Grund(¨e), reason
zwecklos, useless
leugnen, to deny
beweisen, bewies, bewiesen, to prove
mißtrauisch, suspicious
damals, in those days
zählen, to count
beobachten, to watch
die Versuchung(en), temptation
an-kündigen, to announce
sich um-ziehen, zog, gezogen, to change
der Argwohn, distrust
sich neigen, to bend
der Aufwand, extravagance
ersparen, to spare
auf-zählen, to enumerate
klappen, to shut (with a bang)
die Spannung(en), tension

Notes

nun bist du ja wohl drüber weg?: you'll have got over it by now, won't you?

tausend oder zwölfhundert Kronen: *Kronen* were the currency used in Austria up to 1918, when the Austro-Hungarian Empire was dissolved. In the new Republic of Austria the currency used is the Austrian *Schilling* subdivided into 100 *Groschen*.

Honorar: fee paid to a professional man or woman. A clerk receives *ein Gehalt*, a day labourer *einen Lohn*, and a soldier *einen Sold*.

er ist ins Büro gegangen: he went into the office (where the money was kept). Checking up on his money Nissing finds there are a thousand *kronen* more than he expected. To him, his son appears cleared, but to the visitor it is obvious that he has stolen 2,000 *kronen*. He reveals nothing to Nissing, yet before dawn breaks he leaves the house unnoticed, leaving a letter in which he offers the son a position in his own prosperous business overseas.

ERICH KÄSTNER

Born 1899

14. Lehrer

Erich Kästner was born in Dresden. After taking his Ph.D. and overcoming financial difficulties he worked as a freelance author, residing in Berlin most of the time. Now he lives in Munich. He has won world-wide fame by his delightfully funny books such as *Emil und die Detektive, Drei Männer im Schnee* and *Das fliegende Klassenzimmer*, a description of life in a German school where the pupils put on a play in which they visit far-away places by aeroplane. But Kästner is more than a humorist wanting to entertain. He is a critic and moralist who desires to teach with the help of irony. He has written many poems presenting a realistic view of everyday life in his time, as skilful in form as they are cynical and outspoken. By addressing them to the average man in the street Kästner has become the most popular German poet of our time. *Lyrische Hausapotheke* is an anthology of verse from four of his collected volumes of poems.

The following extract is from his autobiography bearing the self-explanatory title *Als ich ein kleiner Junge war*. He tells of his childhood which was a happy one even though his parents were poor.

Die Wohnung war schon klein genug, aber das Portemonnaie war noch kleiner. Ohne Nebenverdienst, erklärte meine Mutter meinem Vater, gehe es nicht. Der Papa war, wie fast immer, einverstanden. Die Möbel wurden zusammengerückt. Das leergewordene Zimmer wurde ausstaffiert. Und an die Haustür wurde ein Pappschild gehängt. 'Schönes sonniges Zimmer mit Frühstück ab sofort zu vermieten. Näheres bei Kästner, 3. Étage.'

Der erste Untermieter hieß Franke und war Volksschullehrer. Er war ein junger lustiger Mann. Das Zimmer gefiel ihm. Er lachte viel. Der kleine Erich machte ihm Spaß. Abends saß er bei uns in der Küche. Er erzählte aus seiner Schule. Er korrigierte Hefte.

Andre junge Lehrer besuchten ihn. Es ging lebhaft zu. Mein Vater stand schmunzelnd am warmen Herd. Alle fühlten sich wohl. Und Herr Franke erklärte: Nie im Leben werde er ausziehen. Und nachdem er das ein paar Jahre lang erklärt hatte, zog er aus.

Er heiratete und brauchte eine eigene Wohnung. Das war zwar ein ziemlich hübscher Kündigungsgrund. Doch wir waren trotzdem alle miteinander traurig.

Als er gekündigt hatte, wollte meine Mutter das Pappschild 'Schönes sonniges Zimmer zu vermieten' wieder an die Haustür hängen. Aber er meinte, das sei höchst überflüssig. Er werde schon für einen Nachfolger sorgen. Und er sorgte dafür. Er schickte uns einen Nachfolger. Einen Lehrer? Selbstverständlich einen Lehrer! Einen Kollegen aus seiner Schule in der Schanzenstraße. Einen sehr großen, sehr blonden, sehr jungen Mann, der Paul Schurig hieß und noch bei uns wohnte, als ich das Abitur machte. Er zog mit uns um. Er bewohnte lange Zeit sogar zwei Zimmer unserer Dreizimmerwohnung, so daß für die drei Kästners nicht viel Platz übrigblieb. Doch ich durfte in seinem Zimmer lesen, schreiben und Klavier üben, wenn er nicht zu Hause war.

Im Laufe der Zeit wurde er für mich eine Art Onkel. Ich machte meine erste größere Reise mit ihm. In meinen ersten Schulferien. In sein Heimatdorf Falkenhain bei Leipzig. Hier hatten seine Eltern ein Kurzwarengeschäft und den herrlichsten Obstgarten, den ich bis dahin gesehen hatte. Ich durfte die Leitern hochklettern und miternten. Die Gute Luise, den Grafensteiner, die Alexander, und wie die edlen Birnen und Äpfel sonst hießen.

Es waren Herbstferien, und wir sammelten im Walde Pilze, bis uns der Rücken wehtat. Wir wanderten bis nach Schilda, wo bekanntlich die Schildbürger herstammen. Und in der Dachkammer weinte ich meine ersten Heimwehtränen. Hier schrieb ich die erste Postkarte meines Lebens und tröstete meine Mutter. Sie brauche keine Angst um mich zu haben. In Falkenhain gäbe es keine Straßenbahnen, sondern ab und zu einen Mistwagen, und vor dem nähme ich mich schon in Acht.

Der Lehrer Paul Schurig wurde also im Laufe der Jahre für mich eine Art Onkel. Und beinahe wäre er auch eine Art Vetter geworden! Denn beinahe hätte er meine Kusine Dora geheiratet. Sie wollte es gern. Er wollte es gern. Aber Doras Vater, der wollte es gar nicht gern. Doras Vater hielt nämlich von Volksschullehrern und anderen 'Hungerleidern' nicht das mindeste.

Als sich während der Großen Pferdeausstellung in Reick unser Untermieter dem ersehnten Schwiegervater mit den Worten: 'Mein Name ist Schurig!' vorstellte, schob meine Onkel die braune Melone aus der Stirn, musterte den großen, hübschen und blonden Heiratskandidaten von oben bis unten, sprach die Worte: 'Von mir aus können Sie Hase heißen!', drehte ihm und uns den Rücken und ging zu seinen prämierten Pferden. Damit fiel der Plan ins Wasser.

Ich wuchs also mit Lehrern auf. Ich lernte sie nicht erst in der Schule kennen. Ich hatte sie zu Hause. Ich sah die blauen Schulhefte und die rote Korrekturtinte, lange bevor ich selber schreiben und Fehler machen konnte. Blaue Berge von Diktatheften, Rechenheften und Aufsatzheften. Vor Michaelis und Ostern braune Berge von Zensurheften. Und immer und überall Lesebücher, Lehrbücher, Lehrerzeitschriften. Zeitschriften für Pädagogik, Psychologie, Heimatkunde und sächsische Geschichte. Wenn Herr Schurig nicht daheim war, schlich ich mich in sein Zimmer, setzte mich aufs grüne Sofa und starrte auf die Landschaft aus bedrucktem und beschriebenem Papier. Und wenn mich die Leute fragten: 'Was willst du denn später werden?', antwortete ich: 'Lehrer!'

Ich konnte noch nicht lesen und schreiben, und schon wollte ich Lehrer werden. Nichts anderes. Und trotzdem war es ein Mißverständnis. Ja, es war der größte Irrtum meines Lebens. Und er klärte sich erst auf, als es fast zu spät war. Als ich, mit siebzehn Jahren, vor einer Schulklasse stand und, da die älteren Seminaristen im Felde standen, Unterricht erteilen mußte. Die Professoren, die als pädagogische Beobachter dabeisaßen, merkten nichts von meinem Irrtum. Doch die Kinder in den Bänken, die spürten es wie ich. Sie blickten mich verwundert an. Sie antworteten brav. Sie hoben die Hand. Sie standen auf. Sie setzten sich. Es ging wie am Schnürchen. Die Professoren nickten wohlwollend. Und trotzdem war alles grundverkehrt. Und die Kinder wußten es. 'Der Jüngling auf dem Katheder', dachten sie, 'das ist kein Lehrer, und es wird nie ein richtiger Lehrer werden.' Und sie hatten recht.

ERICH KÄSTNER, *Als ich ein kleiner Junge war* (Abridged)
By permission of Atrium Verlag and George G. Harrap & Co.

Vocabulary

die Wohnung(en), flat
das Portemonnaie(s), purse
der Nebenverdienst(e), extra earnings
 erklären, to declare
 einverstanden sein, to agree
die Möbel (pl.), furniture
 zusammen-rücken, to move together
 aus-staffieren, to furnish
das Pappschild(er), cardboard sign
 vermieten, to let
der Untermieter(-), lodger
der Spaß(̈e), joke
 Spaß machen, to amuse
das Heft(e), exercise-book
 schmunzeln, to smile contentedly
der Herd(e), hearth
 aus-ziehen, zog, gezogen, to move away
 heiraten, to marry
 eigen, own
die Kündigung(en), notice
 traurig, sad
 höchst überflüssig, most unnecessary
der Nachfolger(-), successor
 sorgen für, to take care of
 um-ziehen, zog, gezogen, to move house
 üben, to practise
die Kurzwarenhandlung(en), haberdashery
die Leiter(n), ladder
 ernten, to harvest
 edel, noble
der Rücken(-), back
die Dachkammer(n), attic
 trösten, to comfort

die Straßenbahn(en), tramway
der Mistwagen(-), dung-cart
sich in Acht nehmen, to be on one's guard
der Vetter(n), cousin
der Hungerleider(-), poor beggar
sich vor-stellen, to introduce oneself
der Heiratskandidat(en), suitor
 prämieren, to award a prize
 auf-wachsen, wuchs, gewachsen, to grow up
die Korrekturtinte(n), marking-ink
die Lehrerzeitschrift(en), educational journal
die Heimatkunde, geography
 daheim, at home
sich schleichen, schlich, geschlichen, to sneak, slip
die Landschaft(en), landscape
 bedrückt, covered with print
 beschrieben, covered with writing
das Mißverständis(se), misunderstanding
der Irrtum(̈er), error
sich auf-klären, to become clear
der Unterricht, lessons
 erteilen, to give
der Beobachter(-), observer
 merken, to notice
 spüren, to feel
 verwundert, astonished
 brav, well-behaved
 nicken, to nod
 wohlwollend, benevolent
 grundverkehrt, totally wrong
der Jüngling(e), young man
das Katheder(-), teacher's desk

Notes

Näheres bei Kästner, 3. Étage: For details apply to Kästner, third floor.

Volksschullehrer: primary-school teacher, trained at a teachers' training college. Entering at the age of six, German pupils go to the *Volksschule* or *Grundschule* for four years.

Der kleine Erich: the author himself.

Es ging lebhaft zu: Things were lively.

Abitur: examination taken on leaving a German secondary school. It differs from 'A' Level G.C.E. in so far as every pupil must pass an examination in every subject taught at the school, without early specialization in a limited number of subjects. The certificate obtained on passing this examination entitles the holder to enter a German university.

Leipzig: industrial and university city in Saxony. Wagner was born there, and J. S. Bach was organist at the Thomaskirche. In 1813 Napoleon was defeated at Leipzig, in the 'Battle of the Nations'.

Die Gute Luise, der Grafensteiner, die Alexander: Grafensteiner apples and *Gute Luise* and *Alexanderbirnen* pears are some of the fruit grown in the district mentioned.

wir sammelten im Walde Pilze: we gathered mushrooms in the forest. Edible fungi such as boletus and chanterelle are gathered in summer in the pine forests where they grow in profusion. They are eaten with scrambled eggs, in soups and in sauces, or they are dried to be stored and used in winter.

Schilda, wo bekanntlich die Schildbürger herstammen: Schilda from where — as everybody knows — the Schildbürgers originate. Dozens of tales are known about those foolish citizens of Schilda. To give but one example of the kind of thing they would do: building a new town hall they forgot all about the windows. When someone pointed out to them that there would never be any daylight in their new building, they calmly proceeded to carry in daylight by the sackful!

Heimwehtränen = Tränen, die man weint, wenn man Heimweh hat: (*Träne* (f.), tear; *Heimweh* (n.), homesickness).

während der Großen Pferdeausstellung: during the big horse-show
(*Ausstellung* (f.), show, exhibition). Note the capital letter with
which the adjective begins because it forms part of the title.

dem ersehnten Schwiegervater: to the man he would have wished to
have for his father-in-law (*ersehnen*, to long for).

die braune Melone: the brown bowler-hat (*Melone* (f.), melon).

Von mir aus können Sie Hase heißen: I couldn't care less. Literally,
'as far as I'm concerned your name might as well be *Hase*'
(*Hase* (m.), hare).

Es ging wie am Schnürchen: It all went like clockwork (*Schnürchen*
(n.), thin string).

15. Die Tiere reisen zur Konferenz

The second extract from the work of Erich Kästner is from *Die
Konferenz der Tiere*, a story expressing the author's scorn of mili-
tarism and hatred of war. This attitude of his caused the Nazis to
blacklist his work and many of his books were in fact burned during
the almost medieval book-burning ceremony staged on the big
square in front of the Opera at Berlin in 1934. Unnoticed by the
crowd, Kästner watched this scene.

In the tale mentioned above, the animals are provoked into action
by the failure of the humans to come to some agreement at a dis-
armament conference at Geneva. So the animals take the lead.
Oskar, the elephant, summons all animals to a conference. Their
efforts are crowned with success: they persuade the heads of state
to sit down round a conference table and to sign an agreement out-
lawing war in future. Like Aesop and La Fontaine in their Fables,
Kästner chooses animals as the means to give us humans a piece of
his mind.

Zu Hause packten die Tierfrauen die Koffer mit Reiseproviant
voll. Und mit Wäsche und Thermosflaschen und Moos und Mais
und gedörrtem Fleisch und Fisch und mit Hafer, Wabenhonig,
Brathühnern und gekochten Eiern. Und dann zogen die Delegierten die Mäntel an, denn es war Zeit, zum Bahnhof zu gehen.

Es war sogar allerhöchste Zeit. Auf den Bahnhöfen in Afrika,

Asien, Amerika, Europa und Australien standen schon die Schnellzüge unter Dampf. Die Lautsprecher brüllten: 'Höchste Eisenbahn — alles Platz nehmen! Abfahrt zum Hochhaus der Tiere — Türen schließen!' Dann ruckten die Lokomotiven an. Oskar und Alois und Leopold und viele andere Delegierte hatten die Wagenfenster heruntergelassen und winkten mit ihren Taschentüchern. Und die Mütter mit den Elefäntchen und den anderen Tierkindern winkten zurück. 'Blamiert euch nicht!' rief Oskars Frau mit erhobenem Rüssel. 'Keine Bange!' schrie Oskar zurück. 'Wir werden die Welt schon in Ordnung bringen! Wir sind ja schließlich keine Menschen!'

Auf den Flugplätzen sämtlicher Erdteile war Hochbetrieb. Die meisten Delegierten — soweit es nicht Vögel waren — flogen zum allererstenmal in ihrem Leben und benahmen sich ein bißchen nervös und zimperlich. Aber als der Adler, der Geier, der Bussard und der Reiher sie auslachten, nahmen sie sich zusammen und setzten sich ergeben auf ihre Kabinenplätze. Man konnte übrigens auch, gegen einen entsprechenden Preiszuschlag, einen fliegenden Teppich mieten. Das tat beispielsweise der Skunk. Als wohlhabendes Pelztier konnte er sich das leisten. Außerdem blieb ihm gar nichts anderes übrig. Weil er stank, hatte man ihm an der Kasse kein Flugbillet verkauft. Nun ja, schließlich waren alle untergebracht. Die Luftflotille erhob sich. Die Propeller sausten und blitzten in der Sonne. Die fliegenden Teppiche schimmerten bunt wie große Schmetterlinge. Raben und Reiher, Falken, Marabus und Wildenten flogen im Gefolge. Und die Erde unter ihnen wurde immer kleiner.

Auch in den Häfen am Meer ging es nicht weniger lebhaft zu. Die Tiere, die nicht schwimmen konnten, gingen an Bord moderner Schnelldampfer. Es lagen aber auch große Walfische am Pier und sperrten ihre riesigen Mäuler auf. Sie hatten sich freiwillig für den Transport der Konferenzteilnehmer zur Verfügung gestellt, und wer den Schiffsmotoren nicht traute, brauchte nur über die Laufplanke hineinzuspazieren. 'Schiffe gehen zuweilen unter', sagte der Hase zum Fuchs. 'Aber daß ein Walfisch untergegangen ist, habe ich noch nie gehört.'

Damit hoppelte er über die Planke in den aufgesperrten Rachen des Ungeheuers. Schließlich war alles an Bord. Die Schiffssirenen heulten auf. Die Walfische klappten ihre Mäuler zu. Wasserfontänen spritzten hoch, und die Flotille setzte sich in Bewegung. Die Verwandten am Ufer winkten. Die Delegierten an der Schiffsreling winkten zurück. Nur die Abgeordneten im Bauch der Walfische — die winkten nicht. Weil die Walfische ja keine Fenster haben.

Die Polartiere hätten um ein Haar Pech gehabt. Denn als sie am Hafen ankamen, waren die Dampfer allesamt eingefroren. Aber der Eisbär Paul wußte Rat. Erst fuhren sie samt ihrem Gepäck auf Renntierschlitten südwärts, und dann stiegen sie auf einen Eisberg um: Paul und das schnauzbärtige Walroß und der Pinguin und das Schneehuhn und der Silberfuchs. Ja, und ein kleines pausbäckiges Eskimomädchen, das mit Paul schon lange befreundet war.

Der Eisberg hatte einen großen Nachteil: Er war schrecklich langsam, und sie fürchteten schon, sie kämen zu spät.

Da hatte zum Glück das Walroß einen ausgezeichneten Einfall.

Es bat alle Robben, denen sie begegneten, ihnen vorwärts zu helfen, und die Seelöwen und Seehunde ließen sich nicht zweimal bitten. Mit der einen Flosse hielten sie sich am Eisberg fest, mit der anderen ruderten sie im Takt wie tausend gelernte Matrosen, daß der schneeglitzernde, kristallblaue Eisberg förmlich dahinflog! Die Überseedampfer, die ihnen begegneten, bekamen es mit der Angst und nahmen schleunigst Reißaus.

Die Tiere, die mit der Eisenbahn fuhren, hatten es am schwersten. Denn die Erde und die Kontinente sind ja bekanntlich in viele, viele Reiche und Länder eingeteilt, und überall waren Schranken heruntergelassen, und überall standen uniformierte Beamte und machten böse Gesichter.

'Was haben Sie zu verzollen?' fragten die uniformierten Beamten. 'Zeigen Sie sofort Ihre Pässe!' sagten sie. 'Haben Sie ein Ausreisevisum?' — 'Haben Sie ein Einreisevisum?' — 'Was ist los?' knurrte der Löwe Alois. — 'Wir können ja einmal nachsehen', meinte Oskar, der Elefant. Und nun stiegen die beiden mit dem Tiger und dem Krokodil aus dem Zug und näherten sich neugierig den Beamten.

Da kriegten die uniformierten Beamten einen großen Schreck und rannten davon, so schnell sie konnten. 'Haben Sie denn ein Ausreißevisum?' rief Oskar hinter ihnen her. Darüber mußten alle Tiere im Zug so lachen, daß sie sich fast verschluckten. Und dann fuhren sie ungestört weiter.

ERICH KÄSTNER, *Die Konferenz der Tiere*
By permission of Europa Verlag, Zürich

Vocabulary

die Konferenz(en), conference, meeting

der Reiseproviant, provisions for the journey

die Wäsche, linen

das Moos(e), moss

der Mais, Indian corn, maize

gedörrt, dried

der Hafer, oats

der Honig, honey

das Brathuhn(⸚er), roast fowl

der Schnellzug(⸚e), express train

der Dampf, steam

der Lautsprecher(–), loudspeaker

brüllen, to roar

die Abfahrt(en), departure

das Hochhaus(⸚er), skyscraper

an-rucken, to start

die Lokomotive(n), engine

winken, to wave

sich blamieren, to make a fool of oneself

erhoben, raised

der Rüssel(–), trunk

keine Bange! no fear

schließlich, after all

der Flugplatz(⸚e), airfield

sämtlich, all, entire

der Erdteil(e), continent

der Hochbetrieb, intense activity

fliegen, flog, geflogen, to fly

zimperlich, fussy, prim

der Adler(–), eagle

der Geier(–), vulture

der Reiher(–), heron

aus-lachen, to mock

sich zusammen-nehmen, nahm, genommen, to control oneself

ergeben, resigned

übrigens, by the way

mieten, to charter, hire

beispielsweise, for instance

wohlhabend, well-to-do

stinken, stank, gestunken, to smell foul

die Kasse(n), booking-office

das Flugbillet(s), flight-ticket

unter-bringen, brachte, gebracht, to accommodate

die Luftflotille(n), air fleet

sich erheben, erhob, erhoben, to rise

der Propeller(–), propeller

sausen, to whizz

blitzen, to sparkle

der Schmetterling(e), butterfly

der Rabe(n), raven

der Falke(n), falcon

die Wildente(n), wild duck

das Gefolge, escort

der *Walfisch(e)*, whale
  auf-sperren, to open wide
  riesig, gigantic
das *Maul(÷er)*, mouth (of animals)
  freiwillig, of one's own free will
die *Verfügung*, disposal
  trauen, to trust
die *Laufplanke(n)*, gangway
der *Hase(n)*, hare
  hoppeln, to hop
  aufgesperrt, wide open
der *Rachen(–)*, jaws
das *Ungeheuer(–)*, monster
  zu-klappen, to shut
  spritzen, to squirt
der *Verwandte(n)*, relative
der *Abgeordnete(n)*, deputy
der *Bauch(÷e)*, belly
  um ein Haar, very nearly
das *Pech*, tar
  Pech haben, to be unlucky
  allesamt, all together
der *Eisbär(en)*, polar bear
der *Rat(schläge)*, advice
  Rat wissen, to know what to do

samt, together with
das *Schneehuhn(÷er)*, ptarmigan
  pausbackig, chubby-faced
der *Nachteil(e)*, disadvantage
  ausgezeichnet, excellent
der *Einfall(÷e)*, idea
die *Robbe(n)*, seal
der *Seelöwe(n)*, sea-lion
der *Seehund(e)*, seal
die *Flosse(n)*, flipper
  rudern, to row
  im Takt, in time
  gelernt, trained
der *Überseedampfer(–)*, ocean liner
das *Reich(e)*, realm, empire
die *Schraube(n)*, screw
der *Beamte(n)*, official
  verzollen, to declare
  knurren, to grumble
  neugierig, inquisitive
  kriegen (sl.), to get
  davon-rennen, rannte, gerannt, to
    run away
sich verschlucken, to swallow the wrong
  way

Notes

Höchste Eisenbahn! (sl.) High time too! Cf. *großer Bahnhof*, a formal reception in a grand style.

Pelztier: an animal bearing a fur, such as bears, foxes, etc.

Konferenzteilnehmer=jemand, der an einer Konferenz teilnimmt. (*Konferenz* (f.), conference; *Teilnehmer* (m.), participant; *teilnehmen*, to take part or participate.)

schleunigst Reißaus nehmen: to take to one's heels as quickly as possible (*ausreißen*, to escape, run away).

Einreisevisum, Ausreisevisum: a *Visum* (pl. *Visa*) is an official endorsement in the traveller's passport without which many foreign countries cannot be entered. For entering such a country an *Einreisevisum* is required, and an *Ausreisevisum* is needed for leaving it; there also exists a *Durchreisevisum* (*Einreise* (f.), arrival; *Ausreise* (f.), departure; *Durchreise* (f.), transit).

Ausreißevisum: a pun on the many visas and other official documents required for trips abroad, implying that the officials ought not to run away because they have not got 'permission to run away' (*ausreißen* = to run away).

GÜNTHER WEISENBORN

Born 1902

16. Parana

Günther Weisenborn, who was born at Velbert (Rhineland), studied
Medicine and German before going to the Argentine where he lived
on a farm. After his return to Germany he was arrested, as he had
joined the resistance movement working against the Nazi régime.
At the end of the last war he directed a theatre in Berlin, then
worked as producer in Hamburg where he now lives. His literary
work comprises short stories as well as plays which are often per-
formed in Germany. With Bertold Brecht he wrote the play *Die
Mutter*, and in his own play entitled *Die Illegalen* he made the first
German attempt to present the anti-Nazi opposition in dramatic
form, the action being based on the tragic attempt at free speech
made by the university students of Munich in 1943 (cf. *Die weiße
Rose* by Inge Scholl). In his *Memorial*, a documentary of the Hitler
era, he reports on years of suffering at the hands of the Gestapo, the
dreaded Secret Police.

In his prose works Weisenborn likes to deal with thrilling adventures in an exciting style that easily carries the reader away, as in the
following passage from the story *Zwei Männer*, in which he draws on
experiences gathered during his years in South America.

'Herr!' rief der Indio, 'der Parana! Der Strom kommt . . . !' Er
hatte recht. Man hörte in der Ferne ein furchtbares Donnern. Der
Parana, angeschwollen von Wasser und Wind, brach in die
Teeprovinzen ein. Parana, das heißt der größte Strom Argentiniens.
Dieses Donnern war das Todesurteil für die Männer von Santa
Sabina. Sie verstanden sich auf diese Sprache, die Männer. Sie
hatten tausendmal dem Tod ins Auge gesehen.

Sie hatten das Weiße im Auge des Pumas gesehen. Sie hatten
dem Jaguar gegenübergestanden und der großen Kobra, die sich
blähte.

Jetzt aber halfen keine Patronen und kein scharfes Auge. Dieser Feind hier, das Wasser, war bösartig wie hundert Schlangen und todesdurstig wie der größte Puma auf dem Ast. Man konnte das Wasser schlagen, es wuchs. Man konnte hineinschießen, es griff an. Es biß nicht, es stach nicht, das Wasser, es suchte sich nur mit kalten Fingern eine Stelle am Mann, seinen Mund, um ihn anzufüllen, bis Blasen aus der Lunge quollen. Das Wasser war gelb und lautlos. Und man sah vor Regen den Himmel nicht.

Auf einer kleinen Insel, halb unsichtbar in der Finsternis, saß der Farmer mit seinem Peon vor seinem Haus.

Dann kam der große Parana. Er kam nicht mit Pauken und Posaunen. Nein, man merkte ihn gar nicht. Aber plötzlich stand der Schuh des Farmers im Wasser. Er zog ihn zurück. Aber nach einer Weile stand der Schuh wieder im Wasser, weiß der Teufel. . . . Und wenn man die Maiskiste zurücksetzte, so mußte man bald noch ein wenig zurücksetzen, denn kein Mann sitzt gern im Wasser.

Das war alles, aber das war der Parana.

Gegen Abend fiel das Hühnerhaus um. Man hörte das Kreischen der Vögel, dann war es wieder still. Später zischte es plötzlich im Wohnhaus auf, denn das Wasser war in den Herd gedrungen.

Als es dunkel wurde, standen der Farmer und sein Peon bereits bis zum Bauch im Wasser. Sie kletterten auf das Schilfdach. Dort auf dem Gipfel saßen sie schweigend, dunkle Schatten in der dunkelsten aller Nächte, indes Töpfe und Kästen aus den Häusern hinausschwammen. Ein Stuhl stieß unten das Glasfenster in Scherben. Das Wasser rauschte. Ein totes Huhn schwamm im Kreise vor der Haustür.

Als das Wasser das Dach erreicht hatte, stieß es die Hausmauern um. Das Dach stürzte von den gebrochenen Pfosten, schaukelte und krachte, dann drehte es sich um sich selbst und trieb in die rauschende Finsternis hinaus.

Das Dach ging einen langen Weg. Es fuhr kreisend zu Tal. Es trieb am Rande der großen Urwälder vorbei. Es segelte durch eine Herde von Rindern, die totenstill auf dem wirbelnden Wasser trieben. Fische schossen vor dem Schatten des Daches davon. Schwarze Aasgeier trieben, an ein Pferd gekrallt, den Strom hinab. . . . Blüten, Möbel und Leichen vereinigten sich zu einem Zug des Todes, der talwärts fuhr, einem undurchsichtigen Ende entgegen.

Gegen Morgen richtete sich der Farmer auf und befahl seinem Peon, nicht einzuschlafen. Der Indio wunderte sich über die harte Stimme seines Herrn.

Er wäre bedenkenlos dem Farmer um die Erde gefolgt. Er war Indio und wußte, was ein Mann ist. Aber er wußte auch, daß ein Mann ein schweres Gewicht hat. Wenn nur ein Mann auf dem Dach sitzt, so hält es natürlich länger, nicht wahr, als wenn es unter dem schweren Gewicht zweier Männer auseinanderbricht und versinkt. Und dann gute Nacht. . . .

Er glaubte nicht, daß der Farmer gutwillig das Dach verlassen würde, aber man konnte ihn hinunterkippen, denn es ging hier um Leben und Tod. Das dachte der Indio, und er rückte näher. Sein Gesicht war steinern, es troff von Regen.

Das Dach würde auf keinen Fall mehr bis zum Morgen schwimmen. Jetzt schon brachen einige Bündel ab und schwammen nebenher. Die Männer auf dem furchtbaren Strom wußten nicht, wo sie waren. Dichter Nebel fuhr mit ihnen. Ringsum das Wasser schien stillzustehen. Fuhren sie im Kreis? Sie wußten es nicht. Sie sahen sich an.

Da folgte der Farmer dem Brauch aller Männer, zog seine letzte Zigarette, brach sie in zwei Teile und bot dem Indio einen an. Sie rissen das Papier ab und kauten den Tabak, da sie kein Feuer hatten.

Er ist ein guter Kamerad, dachte der Peon. Es hat keinen Zweck. Es soll alles seinen Weg gehen. Als er den Geschmack des Tabaks fühlte, wurde aus der Feindschaft langsam ein Gefühl der Treue. Was willst du? Der Peon hatte seine Frau verloren und sein Kind. Er hatte nichts mehr, was ihn zu leben verlockte. Das Schilfdach sank immer tiefer. Wenn er selbst ins Wasser sprang, hielt das Dach vielleicht noch und trug seinen Herrn bis zum Morgen.

Der Dienst ist aus, adios, Senor! Der Peon kletterte über den Giebel bis an den Rand des Daches, als er plötzlich im dunklen Wasser Krokodile sah, die ihn aufmerksam anstarrten. Zum erstenmal verzog der Indio das Gesicht, dann hielt er den Atem an und sprang. Aber er wurde im selben Moment von seinem Herrn gehalten, der ihn wieder aus dem Wasser zog und seinen Peon anschrie. Kreideweiß, mit triefenden Haaren, beugte sich der Farmer über ihn, nannte ihn den Vater alles Unsinns und rüttelte ihn. Dann befahl er ihm, seinen Platz einzunehmen und den Mut nicht zu verlieren, verdammt noch mal . . . !

Gegen Morgen trieben sie ans Land, und wateten stundenlang, bis sie ins Trockene kamen. Sie klopften den Boden mit Stöcken nach Schlangen ab, und ehe sie sich zum Schlafen in das Maisfeld legten, sagte der Farmer:

'Morgen gehen wir zurück und fangen wieder an.'

'Bueno', sagte der Indio. Der Regen hörte auf.

GÜNTHER WEISENBORN, *Tausend Gramm*
Rowohlt Verlag, Hamburg
By permission of the Author

Vocabulary

der Strom(⸚e), large river
der Donner(–), thunder
angeschwollen, risen
ein-brechen, brach, gebrochen, to force one's way
das Todesurteil(e), sentence of death
sich blähen, to inflate oneself, swell
die Patrone(n), cartridge
bösartig, vicious
die Schlange(n), snake
wachsen, wuchs, gewachsen, to expand
an-greifen, griff, gegriffen, to attack
stehen, stach, gestochen, to sting
die Blase(n), bubble
die Lunge(n), lung
quellen, quoll, gequollen, to gush forth
lautlos, soundless
die Finsternis, darkness
die Pauke(n), drum
merken, to notice
gar nicht, not at all

zurück-ziehen, zog, gezogen, to draw back
zurück-setzen, to move back
das Hühnerhaus(⸚er), hen-house
kreischen, to scream
auf-zischen, to sizzle
der Herd(e), hearth
dringen, drang, gedrungen, to penetrate
der Bauch(⸚e), belly
schweigen, schwieg, geschwiegen, to be silent
der Topf(⸚e), saucepan
der Kasten(⸚), cupboard
die Scherbe(n), broken piece (of glass)
rauschen, to rush
der Kreis(e), circle
um-stoßen, stieß, gestoßen, to knock down
der Pfosten(–), post
schaukeln, to sway
sich drehen, to revolve
hinaus-treiben, trieb, getrieben, to float away

rauschend, rustling
kreisend, circling
der Rand(÷*er*), edge
das Rind(*er*), cattle
totenstill, silent as the grave
wirbelnd, whirling
davon-schießen, schoß, geschossen, to dart past
gekrallt, clinging
die Blüte(*n*), blossom
die Leiche(*n*), corpse
sich vereinigen, to join
der Zug(÷*e*), procession
talwärts, down the valley
undurchsichtig, mysterious
sich auf-richten, to sit up
befehlen, befahl, befohlen, to bid, order
bedenkenlos, without hesitation
das Gewicht(*e*), weight
auseinander-brechen, brach, gebrochen, to break in two
näher-rücken, to move nearer

triefen, troff, getroffen, to drip
dicht, thick
der Brauch(÷*e*), custom
an-bieten, bot, geboten, to offer
kauen, to chew
der Geschmack(÷*er*), taste
die Feindschaft, hostility
die Treue, loyalty
verlocken, to tempt
springen, sprang, gesprungen, to jump
die Dienst(*e*), service
der Giebel(–), gable
aufmerksam, attentive
das Gesicht verziehen, verzog, verzogen, to make a grimace
die Kreide(*n*), chalk
der Unsinn, nonsense
rütteln, to shake
der Mut, courage
waten, to wade
trocken, dry

Notes

Indio: South American Indian.

Parana: 'Master of the Sea', a South American river with a length of about 2,200 miles. It is formed by the union of two large Brazilian rivers — the Rio Grande, and the Paranaiba. The annual floods of the lower Parana begin in October or November, but the main floods occur between January and May.

man sah vor Regen den Himmel nicht: one could not see the sky for rain.

der Farmer mit seinem Peon: the farmer with his man (*Peon*, Spanish for farm-worker).

Maiskiste = eine Kiste, die Mais enthält (*Kiste* (f.), chest; *Mais* (m.), Indian corn).

Schilfdach = ein Dach, das aus Schilf besteht or *ein aus Schilf bestehendes Dach* (*Schilf* (n.), reed; *Dach* (n.), roof).

am Rande der Großen Urwälder: at the edge of the primeval forests

(*Urwald* (m.), primeval forest). The prefix *ur* conveys the idea of something very ancient, e.g. *Urgroßvater, Urgroßmutter.*

Aasgeier=ein Geier, der sich von Aas nährt (*Geier* (m.), vulture; *Aas* (n.), carcass; *sich nähren*, to feed on).

denn es ging hier um Leben und Tod: for this was a matter of life and death (*Leben* (n.), life; *Tod* (m.), death).

Es hat keinen Zweck: There is no point in doing this (*Zweck* (m.), purpose).

adios, Señor: Spanish for 'good-bye, Sir'.

Kreideweiß: Deathly pale (*Kreide* (f.), chalk). Cf. *totenblaß, rosenrot.*

Bueno: Spanish for 'good' or 'well then'.

WALTER BAUER

Born 1904

17. Brüder

Walter Bauer, the son of a workman, was born at Merseburg. For several years he was a school teacher, but soon he turned to writing poems, short stories and novels. Several of his books were 'forbidden' by the Nazis. After the war he lived in Munich and Stuttgart, writing poems and radio plays as well as stories collected in the volume entitled *Das Lied der Freiheit*. *Die Sonne von Arles* is a biography of the painter Vincent Van Gogh, who lived at Arles, and for *Die langen Reisen*, a biography of Nansen, Bauer was awarded the Albert Schweitzer Prize. In 1952 the author, who is a member of the German branch of P.E.N. and of the *Deutsche Akademie für Sprache und Dichtung*, started a new life in Canada, working at first as a packer, in hotels and in factories. Poems collected under the significant title *Nachtwachen eines Tellerwaschers* tell about this phase of his life. At the same time he was studying for his B.A. and his M.A. at Toronto University where he is now a lecturer in the German Department.

The following passage constitutes almost the whole of the story entitled *Hole deinen Bruder an den Tisch*. It testifies to Bauer's social consciousness.

Mit Einbruch des Winters zogen neue Mieter ein; sie hatten sogar ein Sofa. Darauf schlief der Junge. Den Namen Nino Andreoli habe ich wegen des fremdländischen Klanges nie vergessen. Er war dreizehn, dunkelhaarig, sehr blaß und still. Ich habe ihn nie mit den Jungen des Hauses zusammen gesehen. Meine Mutter sagte, er hätte immer in der Stube gesessen, allein mit der stummen, kalten Gesellschaft von Tisch, Stuhl, Bett und Schrank, denn die beiden, sein Vater und seine Mutter, waren sehr oft nicht zu Hause; aber man wußte nicht, wovon sie lebten. Wir hörten manchmal ihre Stimmen über uns; sie stritten wohl miteinander. Der Mann sprach sehr schnell. Er war keiner von uns. Dann lachten sie wieder; sie hatten sich versöhnt.

Der Winter kam damals schnell und mit großer Härte. Die Bauarbeiten mußten eingestellt werden, und mein Vater saß zu Hause am kleinen Ofen und starrte auf seine Hände. Sie waren geschaffen, auszuschachten, Ziegel zu tragen und zuzureichen. Jetzt waren sie tot und verdienten nichts. Ich war Lehrling im ersten Jahr und brachte nur meinen Hunger mit nach Hause. Es war gut, daß meine Mutter zwei Aufwartungen hatte. Manchmal brachte sie Essen mit, und das reichte dann für einen Abend.

Auch andere Männer im Haus hatten keine Arbeit. Das Haus stöhnte nachts vor Kälte. Die Stuben ohne Wärme strömten ihre eisige Luft durch das Gebirge der Stockwerke und erdrückten die schwache Glut in den Öfen. Der Frost hockte auf den Treppen, sprengte die Wasserleitungen, verstopfte alles, trieb die Menschen zueinander. Manchmal gingen sie fort, aber nur das Gehen machte sie einen Augenblick warm, denn Arbeit gab es nur, wenn sie in den Straßen Schnee schippen konnten. Mein Vater ging mit ihnen.

Wir warteten damals nicht auf Weihnachten, meine Eltern bestimmt nicht; ich schon, ein wenig. Mein Vater wollte keinen Baum sehen, er konnte ja nur seine leeren Hände auf den Tisch legen. Meine Mutter sagte, einen kleinen Baum müßten wir haben, und ich holte auch einen in der Dämmerung, draußen aus dem Stadtpark.

Es war doch besser, als wir gedacht hatten, denn die Mutter brachte von ihrer Aufwartung eine Menge Sachen zum Essen mit, auch Gebäck, für den Vater ein Paar Socken, für mich eine Strickjacke, an der die Ärmel ein bißchen zu kurz waren, und die Mutter hatte einen Kragen aus schwarzem Krimmer geschenkt bekommen. Ich wollte der Mutter ein kleines Wandbrett mit Haken schenken, das ich selbst gemacht hatte; man konnte Handtücher und Wischtücher daran aufhängen.

Am Nachmittag waren mein Vater und ich zu Hause, und wir hatten gerade aufgewaschen und alles sauber gemacht und waren dabei, den kleinen Baum zu schmücken. Mein Vater war auf einmal

froh geworden; eine saubere, warme Küche gibt auch gute
Gedanken.

Dann hörten wir Stimmen im Haus, und wir wußten gleich, was
für Stimmen es waren. 'Die Polizei, Vater', flüsterte ich. Mein
Herz verkroch sich. — 'Nicht zu uns, mein Junge', sagte mein
Vater. 'Ich habe es ja kommen sehen, da oben stimmt es doch
nicht.'

Wir lauschten. Das ganze Haus war zum Ohr geworden, und es
war gierig nach oben gereckt, um alles zu hören. Über uns sprachen
Stimmen gegeneinander; die ruhigen Stimmen der Polizisten, die
schnelle, heftige Stimme Andreolis, dazwischen das hohe, spöt-
tische Lachen der Frau. Dann wurde es still. Die Schritte der
Polizei kamen wieder herab und umschlossen die Schritte Andreolis und seiner Frau.

'Man hat sie geholt', flüsterte ich. 'Was haben sie denn getan?'
— 'Ich weiß nicht', sagte mein Vater. 'Wer weiß, was sie getan
haben. Es ist ein Elend in der Welt. Mein Junge', sagte er, 'es ist
genug da, von allem, genug in der Welt. Aber es ist nicht richtig
verteilt.'

Was ging es uns an. Wir hießen nicht Andreoli, wir hatten nicht
gestohlen oder uns an einer dunklen Geschichte beteiligt.

Dann kam meine Mutter mit den Geschenken, und mehr als ein
paar Worte redeten wir nicht von der Sache. Wir wollten den
Heiligen Abend feiern; einmal wollten wir die Armut vergessen.
Wir hatten einen Baum. Ein paar Kerzen brannten. Die Mutter
legte die Sachen, die sie geschenkt bekommen hatte, unter den
Baum auf den Tisch, und ich holte aus meinem Versteck die fünf
Zigarren für den Vater und das kleine Wandbrett für die Mutter
hervor. Ich bekam etwas Wunderbares. Meine Mutter hatte bei
den Leuten, bei denen sie wusch, ein Paar alte Schlittschuhe
geschenkt bekommen, und sie paßten.

Wir setzten uns an den Tisch und aßen. Plötzlich sagte meine
Mutter: 'Ist der Junge oben auch geholt worden?' — 'Nein', sagte
mein Vater. 'Nur die beiden, der Mann und die Frau.'

'Dann ist der Junge allein. Ist er oben?' Wir wußten es nicht.
Wir hatten nichts gehört, über uns war es still.

'Geh hinauf', sagte meine Mutter zu mir, 'und sieh nach, ob er da ist, und bring ihn herunter. Er soll mitessen.' Meine Mutter sah den Vater an. 'Es schmeckt mir nicht, Vater', sagte sie. 'Nein, hole ihn.'

Ich stand auf und tastete mich durch die kalte Finsternis die Treppe empor. Die Kälte hatte wie ein Hund in den Ecken gelegen und fiel mich an. Ich sah durch das Schlüsselloch einen schwachen Schein fließen, und ich beugte mich nieder, um hindurchzublicken.

Damals habe ich etwas gesehen und es nie mehr vergessen. Zum erstenmal sah ich, wie es ist, wenn einer allein ist, so allein, daß es außer ihm selbst auf der ganzen Welt nichts gibt als Finsternis und Kälte. Ich sah eine Kerze, die auf dem Tisch stand, und in ihrem Schein, der sich kaum bewegte, das Gesicht des Jungen. Er starrte in das Licht, reglos, er hatte den Kopf in die Hand gestützt. Er war allein. Das habe ich begriffen. Allein in der Welt voller Menschen.

Ich klopfte an die Tür und trat ein. Ich blieb an der Tür stehen. Er sah mich an, ohne aufzustehen. 'Nino', sagte ich, 'du möchtest zu uns kommen und mitessen.' Er sah mich an, und sein Gesicht war blaß. Und dann fiel sein Kopf mit dem dunklen Haar, als wäre er von einer schrecklichen Hand abgeschlagen worden, auf seine Arme.

'Komm mit', sagte ich, 'meine Mutter schickt mich. Wir essen gerade.'

WALTER BAUER, *Tränen eines Mannes*
By permission of the Author and Nymphenburger
Verlagshandlung, München

Vocabulary

der Einbruch, beginning
  ein-ziehen, zog, gezogen, to move in
der Mieter(–), tenant
  fremdländisch, foreign
  blaß, pale

stumm, dumb
die Gesellschaft(en), company
streiten, stritt, gestritten, to quarrel
sich versöhnen, to make it up
die Härte, harshness
die Bauarbeit(en), construction works

ein-stellen, to stop
geschaffen, created, made
aus-schachten, to excavate
der Ziegel(-), brick
zu-reichen, to pass
verdienen, to earn
der Lehrling(e), apprentice
reichen, to be sufficient
die Stube(n), room
strömen, to flow
erdrücken, to oppress
die Glut, glow
die Treppe(n), staircase
sprengen, to burst
die Wasserleitung(en), water pipes
verstopfen, to block
schippen, to shovel
leer, empty
die Dämmerung, dusk
der Stadtpark, public garden
die Strickjacke(n), knitted cardigan
der Ärmel(-), sleeve
das Wandbrett(er), shelf
der Haken(-), hook
das Handtuch(¨er), towel
das Wischtuch(¨er), dish-cloth
schmücken, to decorate
sauber, clean
der Gedanke(n), thought
flüstern, to whisper

sich verkriechen, verkroch, verkrochen, to hide
gierig, avid
sich recken, to extend, stretch
heftig, violent
spöttisch, sneering
der Schritt(e), step
holen, to fetch
das Elend, misery
verteilen, to distribute
stehlen, stahl, gestohlen, to steal
sich beteiligen, to join in
das Geschenk(e), present
die Armut, poverty
die Kerze(n), candle
brennen, brannte, gebrannt, to burn
das Versteck(e), hiding-place
der Schlittschuh(e), skate
passen, to fit
tasten, to grope
die Finsternis, darkness
das Schlüsselloch(¨er), key-hole
sich beugen, to bend
sich bewegen, to move
reglos, motionless
stützen, to support
ab-schlagen, schlug, geschlagen, to cut off
schicken, to send

Notes

Es war gut, daß meine Mutter zwei Aufwartungen hatte: It was fortunate that mother could work as a charwoman for two families (*aufwarten,* to wait upon, to char).

eine Menge Sachen zum Essen, auch Gebäck: a lot of things to eat, also fancy cakes (*Gebäck* (n.), fancy cakes). In Germany as well as in Austria many delicious varieties of small cakes are prepared for Christmas, at home.

ein Kragen aus schwarzem Krimmer: a collar of lamb's skin or material made of curly cloth, a cheap imitation of lamb's skin.

Die Schritte der Polizei umschlossen die Schritte Andreolis und seiner Frau: as they were taken away by the police Andreoli and his wife had to walk between the two policemen (*Schritt* (m.), step; *umschließen*, to surround).

Wir wollten den Heiligen Abend feiern: We wanted to celebrate Christmas Eve (*der Heilige Abend*, Christmas Eve). In Germany presents are given and Christmas trees are lit on Christmas Eve. The trees are usually tall, often reaching the ceiling of the room, and they are decorated not only with tinsel but also with things to eat, such as little apples, nuts painted with gold, sweets wrapped in pretty paper and some of the dainty home-made cakes.

18. Der Zeitungsjunge

The following passage from Walter Bauer's short story entitled *Felix stiehlt eine Uhr* again takes the reader into the life of the under-privileged.

Felix half einer Frau beim Zeitungtragen; sie war eine Bekannte seiner Mutter, und er machte es gern. Er wollte ein Paar Schlittschuhe haben, aber Mutter konnte ihm keine kaufen. . . . Dafür hatte sie gleich an ihn gedacht, als die Frau ihr erzählte, sie suche einen ehrlichen Jungen, der ihr einige Straßen abnehmen konnte. Ihr war es zuviel, aber sie wollte das Geld nicht einbüßen. Felix gab sogar von dem Gelde, das er verdiente, etwas ab. Er kam sich vor wie ein richtiger Arbeiter, wenn er sonnabends ein paar Münzen auf den Tisch legte. Wenn er zu Weihnachten auch Trinkgeld bekam wie die Frau, dann konnte er sich ein Paar ausgezeichneter Schlittschuhe kaufen. Bis zum Fest freilich war es noch lange. Jetzt war früher Herbst, und sie konnten in diesem Jahr noch barfuß gehen, so warm war es; nur in den Schatten spürte man die Kühle des sinkenden Jahres. — Die Stadt umfing ihn, von Straße zu Straße glitt der Knabe lautlos fort.

Vor dem großen Zeitungsgebäude wartete schon Frau Mühlner mit den braunen Taschen voller Zeitungen. Er hängte die Tasche um. Ohne daß er es wußte, ging er aufrechter dahin, er gehörte schon zur großen Genossenschaft der Arbeit. Als sie an ihren Straßen angekommen waren, begannen sie die flüchtige Botschaft der Welt in die Häuser zu tragen.

Felix wußte genau, wieviel Zeitungen in jedes kamen, er wußte, an welchen Türen er klingeln mußte oder nur klopfen durfte, er kannte die Häuser, voll von unbekanntem Leben. Vor manchen hatte er ein leises Grauen; sie waren so still, als geschehe drinnen immer etwas. Er glitt unhörbar hinauf, schob die Zeitung durch einen Spalt in der Tür, rannte mit Herzklopfen hinunter.

Heute dauerte es lange. In diesen Tagen mußten sie das Monatsgeld einsammeln. Felix hatte eine alte, kleine Ledertasche um; er war stolz, daß er sie tragen durfte, daß Geld darin klirrte. Es gehörte ihm nicht, aber er war zufrieden, daß er so viel trug. Von Tür zu Tür sagte er den gleichen Satz: 'Guten Tag, ich bitte um das Zeitungsgeld', und er war zäh, gab die Quittung nicht eher aus der Hand, als bis er das Geld in seine Tasche legen konnte. Manche Frauen sagten, sie hätten heute kein Geld; morgen solle er noch einmal fragen. Andere gaben es ihm verdrießlich und murrten, die Zeitung sei viel zu teuer. Das rührte ihn nicht.

So stieg der Knabe in dem mächtigen alten Hause empor, klingelte, wartete, hörte Schritte drinnen, schnelle, langsame, gesunde, kranke Schritte, ein Auge sah ihn groß durch ein Loch in der Tür an, eine Kette wurde abgehängt, die Tür öffnete sich; Felix sagte seinen Satz, wartete wieder, bekam sein Geld, rannte weiter, und so stand er vor der Tür, an der ein glänzendes Schild hing. Die Buchstaben fügten sich zum Namen Gesenius. Oft hatte er ihn schon gelesen; auch jetzt ging sein Auge an dem Wort entlang.

Er drückte auf den Klingelknopf, hörte den Ton schrill in der Wohnung, Dämmerlicht floß aus einem Zimmer auf den Flur. Eine ältere Frau machte die Tür auf. 'Der Zeitungsjunge', sagte Felix, 'ich möchte das Monatsgeld.' — 'Komm herein, Junge', sagte die Frau und ging ihm voraus; er blieb in dem Flur stehen. Die Frau ging in das Zimmer hinein. Felix hörte, wie die Stimme eines alten Mannes aus einem anderen Zimmer fragte: 'Wer ist das?' — 'Der Zeitungsjunge', antwortete die Frau. 'Kannst du herausgeben?' fragte sie aus dem Zimmer. — 'Nein.' Der Mann war wohl krank und lag im Bett. Und wieder schien die Frau zu suchen.

Für immer drang der Flur in das Gedächtnis des Jungen ein, die dämmerige Stille, das unablässige, harte Geräusch einer Uhr, all das stumme Leben der Gegenstände, des dunklen, großen Schrankes, der Kleider, die an einem Ständer hingen, der Mützen und Hüte, der Mäntel und eines dicken Spazierstockes, auf immerdar dies alles in sein Gedächtnis, und der Tag und die Stunde, er selbst, barfüßig in diesem Flur, mit den Augen auf der absichtslosen Wanderung von Ding zu Ding, dann der Gegenstand, der sein ganzes Leben immer fester an sich zog: auf dem Tischchen eines großen Spiegels eine goldene Uhr.

Was Felix nun tat, entzog sich ganz seinem Leben. Er wußte einfach nicht, daß er an das Tischchen herantrat, das glänzende Wesen anstarrte. Deutlicher hörte er die harte, schnelle Stimme der Uhr. Er erschrak, plötzlich stand einer vor ihm, ganz dicht, sah ihn drohend mit starren aufgerissenen Augen an. Aber das war er selber, er sah sich im Spiegel. Seine Kehle war ihm mit einem Mal trocken.

Felix hörte die Frau kommen und trat an die Tür zurück. 'Ich habe es doch passend machen können', sagte sie und zählte ihm das Geld in die Hand. Er machte die Tasche auf, nahm die Quittung heraus, schob das Geld hinein. 'Wart noch einen Augenblick', sagte die Frau. 'Für dein langes Warten sollst du etwas haben.' Sie ging wieder in das Zimmer zurück.

Der Knabe war von seinem Dasein fortgezogen. War er es, der an das Tischchen trat, einen Augenblick die Kühle des Goldes in seiner Hand spürte, die Uhr in die Hosentasche steckte? Er merkte, daß er rot wurde, und trat in die Dämmerung zurück. Die Frau kam, gab ihm zwei große Äpfel, sagte lächelnd: 'So, die laß dir auf dem Wege schmecken.'

Felix fühlte sich davongehen, hörte sich Auf Wiedersehen sagen, vielen Dank, spürte die Kühle des Treppenhauses. Dies alles war er nicht, eine andere Hand als die seine hatte die Uhr

ergriffen und in seine Tasche getan. Er faßte hinein, fühlte sie
drinnen wie eine harte, kühle Frucht, und als er jetzt stille stand,
hörte er sie, lauter noch als vorhin in der Wohnung. Er zog die
Hand heraus, öffnete sie, da war die Uhr, er hatte sie fortgenom-
men, nun gehörte sie ihm. Aber sie war gestohlen.

WALTER BAUER, *Der Lichtstrahl* (Abridged)
Deutsche Verlagsanstalt, Stuttgart
By permission of the Author

Vocabulary

das Zeitungtragen, newspaper delivery
die Bekannte(n), acquaintance
der Schlittschuh(e), skate
　ehrlich, honest
　ein-büßen, to lose
　verdienen, to earn
　richtig, proper
der Arbeiter(–), workman
die Münze(n), coin
das Trinkgeld(er), tip
　ausgezeichnet, excellent
　barfuß, barefoot
　umfangen, umfing, umfangen, to
　　surround
　lautlos, without a sound
das Zeitungesgebäude(–), newspaper
　buildings
die Tasche(n), bag
　aufrecht, upright
die Genossenschaft(en), community
　flüchtig, fleeting
die Botschaft(en), message
　genau, exactly
das Grauen, horror
　gleiten, glitt, geglitten, to glide,
　　slide
　schieben, schob, geschoben, to push
der Spalt(e), opening
　gehören, to belong
　zufrieden, contented
　zäh, tough, stubborn
der Satz(∺e), sentence
die Quittung(en), receipt
　verdrießlich, cross

murren, to grumble
rühren, to move
empor-steigen, stieg, gestiegen, to
　climb
mächtig, huge
klingeln, to ring
weiter-rennen, rannte, gerannt, to
　run on
das Schild(er), name-plate
der Buchstabe(n), letter (of alphabet)
der Klingelknopf(∺e), bell-push
schrill, piercing
die Wohnung(en), flat
das Dämmerlicht, twilight
heraus-geben, gab, gegeben, to
　change
der Flur(e), passage
ein-dringen, drang, gedrungen, to
　enter
das Gedächtnis, memory
dämmerig, dimly lit
die Stille, silence
unablässig, incessant
das Geräusch(e), noise
der Gegenstand(∺e), object, thing
der Ständer(–), hall-stand
die Mütze(n), cap
der Spazierstock(∺e), walking-stick
absichtslos, unintentional
das Herz(en), heart
das Wesen(–), the being
deutlich, distinctly
erschrecken, erschrak, erschrocken,
　to be frightened

drohend, threatening
aufgerissen, wide open
die Kehle(n), throat
trocken, dry
zählen, to count
hinein-schieben, schob, geschoben, to slide (money) in (to pocket)

das Dasein, existence
spüren, to feel
die Hosentasche(n), trouser-pocket
merken, to notice
die Dämmerung, twilight
gestohlen, stolen
ergreifen, ergriff, ergriffen, to seize

Notes

das Monatsgeld: the amount of money he collected once a month for the papers he delivered.

ein Loch in der Tür: a small round opening in the entrance door through which the occupants of a flat can see who is calling on them before they open the door; a spy-hole.

eine Kette wurde abgehängt: a chain was removed. To prevent burglars or other undesirable persons from entering a flat, a small chain of iron or metal is fastened inside the entrance door.

Was er nun tat, entzog sich ganz seinem Leben: What he did next was quite different from his usual behaviour.

Ich habe es doch passend machen können: I did find the right amount, after all.

So, die laß dir auf dem Wege schmecken: Well, enjoy them as you walk along (*es sich schmecken lassen*, to enjoy a meal). The German Hausfrau will inquire during a meal: '*Schmeckt's?*' (Do you like it?)

Aber sie war gestohlen: But it was stolen. Realizing what he had done, the boy could think of nothing but how to return the watch — without being seen. After finishing his newspaper round the same evening, instead of going home for supper as usual, he went back to the big house, waiting for hours on the dark landing outside the flat until, at long last, someone inside opened the door and happened to leave it ajar. Quickly the boy slipped into the hall and put the watch back.

KURT KUSENBERG

Born 1904

19. Der Hefekuchen

Kurt Kusenberg, who was born in Sweden as the son of a German engineer, has lived in Germany since he was ten. After studying the History of Art he travelled widely in Europe. Now he lives at Hamburg, writing highly original short stories. A blend of fantasy and reality, they often describe events that could only happen in a fairy-tale; thus, in *Herr G. steigt aus*, trees grow to an abnormal height within seconds or in *Wo liegt die Wahrheit?* characters suddenly appear as if from nowhere to dissolve again into nothing. At times the author's pen seems to possess the quality of a magician's wand. Kusenberg's stories provide a welcome relief to the reader who likes to smile or to chuckle whilst he is reading. Yet Kusenberg does not fail to put serious thoughts across in his entertaining manner, as in *Wer ist man?* where he takes a stand against the modern trend of losing one's identity. His prose is clear, and his ability to play upon words amazing. His collected stories have been gathered together in seven volumes, each volume bearing the title of one of the stories contained in it, e.g. *Der blaue Traum, Die Sonnenblumen, Im falschen Zug* and others. He has also written essays on painting and has translated into German the poems of the contemporary French poet Jacques Prévert.

The following passage is a complete story by Kusenberg.

In einem Dorf lebte eine brave Ehefrau, die wollte eines Tages Hefekuchen backen und merkte plötzlich, daß sie keine Hefe im Hause hatte. 'Geh', sagte sie zu ihrem Mann, 'geh rasch zum Bäcker und hol eine bißchen Hefe, für zehn Pfennig, das reicht. Und komm gleich wieder, denn ohne Hefe kann ich keinen Kuchen backen, jedenfalls keinen Hefekuchen.' Der Mann nahm seinen Hut vom Haken und ging. Aber er kam nicht wieder, nicht an jenem Tage und auch an den folgenden Tagen nicht — er kam nicht wieder.

Es versteht sich, daß die Frau alles aufbot, um ihren Mann auf-
zufinden, denn sie hatte ja nur einen, und außerdem liebte sie ihn
oder sie war zumindest so sehr an ihn gewöhnt, daß sie glaubte, sie
liebe ihn. Doch was sie auch anstellte, es half ihr nichts: der Mann
war und blieb verschwunden. Es fand sich seine Spur, aber nur
eine kleine, die nicht weiter führte und sogleich wieder abbrach.
Der Mann war tatsächlich beim Bäcker erschienen und hatte für
zehn Pfennig Hefe gefordert. Das Unglück wollte es jedoch, daß
der Bäcker kurz vorher das letzte Quentlein Hefe verkauft hatte
und ihm daher keine geben konnte. So riet er dem Manne, ins
Nachbardorf zu gehen und dort beim Bäcker nach Hefe zu fragen.
Der Mann nahm den Rat an, machte sich auf den Weg und wurde
dabei von mehreren Leuten gesehen. Wiewohl das Nachbardorf
nur eine Viertelstunde entfernt war, langte er nie dort an.

Die Frau aber wartete, wartete auf ihren Mann. Wenn sie
Männerschritte vor dem Hause hörte, eilte sie hinaus, um zu
sehen, ob er es sei, und wenn es an die Tür klopfte, pochte ihr
Herz; doch er kam nicht. Es waren schwere Zeiten für die Frau,
die sich selber durchbringen mußte, und sie buk in all den Jahren
nicht einen einzigen Hefekuchen. Da sie stattlich war und sehr
tüchtig, stellten sich Freier ein, die ihr die Ehe antrugen. Doch
wie sehr man ihr auch zuriet, den verschollenen Mann für tot
erklären zu lassen und sich einen neuen zu nehmen, damit ihre
Einsamkeit ein Ende habe, wies sie dennoch alle Bewerber ab und
wartete weiter.

Als sie aber zwanzig Jahre gewartet hatte, lernte sie einen Mann
kennen, der ihr nicht übel gefiel und den sie zu heiraten gedachte.
Eines Tages saß er bei ihr in der Stube, und da kam ihr der Ge-
danke, sich endgültig von ihrem Mann zu befreien, indem sie einen
Hefekuchen buk. Selbstverständlich war keine Hefe im Hause,
denn sie hatte ja zwanzig Jahre lang keinen Hefekuchen gebacken,
und so bat sie ihren Freier, er möge rasch zum Bäcker gehen und
für zehn Pfennig Hefe besorgen. Der Mann nahm den Hut vom
Haken und ging. Inzwischen war die Frau nicht müßig; sie
säuberte den Tisch, stellte Schüsseln hin, holte Milch und Eier aus
dem Spind und Mehl aus der Kiste.

Da hörte sie Schritte. Die Tür ging auf, und eine fremde, bekannte Stimme sagte: 'Da ist die Hefe!' Die Frau fuhr herum und gewahrte einen alten Vagabunden, stoppelbärtig, verludert, der ihr scheu ein Tütlein entgegenhielt. Es war, jeder ahnt es, ihr verschwundener Mann, der nach langer Irrfahrt endlich heimgekehrt war, gerade im richtigen Augenblick, was die Hefe betrifft, und im unrichtigen, wenn man die Lage der Frau bedenkt.

Wo hatte er sich bloß so lange herumgetrieben? Jetzt erfuhr es die Frau, und wir erfahren es mit ihr. An nichts Böses oder Besonderes denkend, nur an seinen Auftrag, an die Hefe, war der Mann seinerzeit auf das Nachbardorf zugeschritten und hatte, wie vom Teufel hingelegt, eine Geldbörse gefunden, eine gespickt volle, wie die Viehhändler sie bei sich tragen. Der Fund verwirrte ihm den Kopf, und ein Hang zum Abenteuer, der wohl schon immer in ihm geschlummert hatte, brach plötzlich hervor. Anstatt ins Nachbardorf zu gehen, bog er vom Wege ab und wanderte in die Stadt. Dort trank er viel, kaufte sich eine goldene Uhr, einen goldenen Ring und ging abends in den Zirkus. Während der Vorstellung verliebte er sich in eine Reiterin, die ihn so lange wiederliebte, bis sein Geld zu Ende war. Als der Zirkus die Stadt verließ, machte sie ihn aus Mitleid zum Stallburschen. So hub ein Wanderleben an, das ihn zwanzig Jahre lang durch die Welt führte, das ihn manchmal ein bißchen emportrug, aufs Ganze aber immer tiefer sinken ließ, bis ihn schließlich das Heimweh packte, oder die Angst vor dem Alter, und er zu seiner Frau zurückkehrte, mit schlechtem Gewissen und dem Hefetütlein in der Hand — einer recht läppischen Anknüpfung. Und nun stand er da, zerlumpt, nicht mehr sehr fest auf den Beinen und voller Furcht, wie sie sich wohl verhalten werde.

Was tat die Frau? Ja, was konnte sie anders tun, als den Freier, der gleich darauf eintrat, auch er ein Hefetütlein in der Hand, eilends fortzuschicken, nur für diesen Abend, wie sie ihm zuflüsterte, in Wirklichkeit aber für immer, das wußte sie genau — also: Jenen fortzuschicken und ihren verwahrlosten Landstreicher zu säubern, zu kleiden, zu speisen und ihn so lange zu pflegen, bis man sich mit ihm wieder auf der Straße zeigen konnte? Sie nahm ihn wahrhaftig wieder auf, die Brave, nachdem sie ein halbes Leben seinetwillen verwartet hatte, denn er war und blieb nun einmal ihr Mann.

KURT KUSENBERG, *Im falschen Zug*
By permission of Rowohlt Verlag

Vocabulary

die *Hefe(n)*, yeast
die *Ehefrau(en)*, married woman
merken, to notice
reichen, to suffice
jedenfalls, anyway
der *Haken(-)*, hook
verstehen, verstand, verstanden, to understand
auf-bieten, bot, geboten, to do one's best
außerdem, besides
zumindest, at least
an-stellen, to undertake
verschwinden, verschwand, verschwunden, to disappear
die *Spur(en)*, trace
ab-brechen, brach, gebrochen, to stop
tatsächlich, in fact
erscheinen, erschien, erschienen, to appear
fordern, to demand
raten, riet, geraten, to advise
an-nehmen, nahm, genommen, to accept
der *Rat(schläge)*, advice
an-langen, to arrive
der *Männerschritt(e)*, man's step
hinaus-eilen, to dash out
pochen, to beat
sich *durch-bringen, brachte, gebracht*, to make both ends meet
backen, buk, gebacken, to bake
stattlich, handsome
tüchtig, capable
sich *ein-stellen*, to present oneself

der *Freier(-)*, suitor
die *Ehe(n)*, matrimony, marriage
an-tragen, trug, getragen, to offer
verschollen, not heard of
tot erklären, to declare dead
die *Einsamkeit*, loneliness
ab-weisen, wies, gewiesen, to refuse
der *Bewerber(-)*, suitor
nicht übel, not bad
heiraten, to marry
gedenken, gedachte, gedacht, to consider
die *Stube(n)*, room
der *Gedanke(n)*, thought
endgültig, definite
müßig, idle
säubern, to clean
die *Schüssel(n)*, dish
der *Spind(e)*, cupboard
das *Mehl*, flour
herum-fahren, fuhr, gefahren, to turn round quickly
gewahren, to become aware of
der *Vagabund(en)*, tramp
verludert, gone to the bad
scheu, timid
ahnen, to guess
die *Irrfahrt(en)*, wanderings
betrifft, concerning
unrichtig, wrong
die *Lage(n)*, situation
bedenken, bedachte, bedacht, to consider
sich *herum-treiben, trieb, getrieben*, to knock about
erfahren, erfuhr, erfahren, to learn

der *Auftrag*(⸚*e*), errand
   seinerzeit, at that time
der *Viehhändler*(–), cattle-dealer
   verworren, bewildered
der *Hang*, inclination
das *Abenteuer*(–), adventure
   schlummern, to lie dormant
   ab-biegen, bog, gebogen, to turn away
die *Vorstellung*(*en*), performance
sich verlieben, to fall in love
die *Reiterin*(*nen*), horsewoman,
   circus-rider

der *Stallbursche*(*n*), groom
an-heben, hob, gehoben, to
   begin
das *Wanderleben*, vagrant life
das *Heimweh*, homesickness
packen, to seize
läppisch, foolish
die *Anknüpfung*(*en*), contact
verwahrlost, unkempt
pflegen, to look after
die *Brave*(*n*), good woman
um seinetwillen, for his sake

Notes

Hefekuchen: yeastcake, made with a light dough consisting of 1 lb. flour, 2 oz. sugar, 4 oz. butter, 5 egg yolks, 3 whole eggs, 3 tablespoons warm milk and 1 oz. of yeast. The dough must be covered with a warm cloth and left to rise till its size is doubled before it is ready to be used for making various kinds of cakes or pastries usually filled with jam, fruit or cream cheese.

das Quentlein: a very small weight, only about 1·66 grammes.

er möge rasch . . . gehen: he should go quickly.

stoppelbärtig = mit einem Stoppelbart (*Stoppel* (f.), bristle, stubble; *Bart* (m.), beard). Cf. *Stoppelfeld* (n.), stubble-field.

der ihr scheu ein Tütlein entgegenhielt: who shyly held out to her a small paper bag (*Tüte* (f.), paper bag; *Tütlein* (n.), small paper bag). There is humour in the way the diminutive is used here, contrasting the tiny paper bag with the big unkempt man.

wie vom Teufel hingelegt: as if the devil had put it there (to tempt him).

eine Geldbörse gefunden, eine gespickt volle = eine gespickt volle Geldbörse: a well-lined purse (*spicken*, to cram, fill).

GÜNTER EICH

Born 1907

20. Züge im Nebel

Günter Eich, who was born in Lebus (Mark Brandenburg), studied Economics and Sinology and afterwards turned to writing poetry as well as prose. His work was interrupted by the last war in which he served as a non-commissioned officer, spending part of the time in a prisoner-of-war camp. Now he lives at Lenggries near Munich where, in recent years, he has written several volumes of poems such as *Abgelegene Gehöfte* and *Botschaften des Regens* and a great number of radio plays including the serials *Stimmen* and *Träume*. It is by his work for radio that Eich has risen to fame. For raising the radio play to a literary genre he was awarded an important prize. In order to understand his work some knowledge of the background against which it is written is essential: the totalitarian rule of the Hitler régime, its collapse and the subsequent misery, followed by the amazing economic recovery of Germany known as the 'Wirtschaftswunder'. Aware of the fact that many elderly and middle-aged Germans want to forget the past, Eich is warning his contemporaries against forgetfulness, complacency and blind obedience to authority.

The next extract is from *Züge im Nebel*, a story treating some aspects of conditions in Germany during the period following the last war.

Wir fuhren am Abend ziemlich frühzeitig raus, Stanislaus und ich. Die Gegend kennst du bestimmt nicht, und ich will dir auch nicht so genau beschreiben, wo es ist. Jedenfalls stellten wir das Auto bei einem Bauern ab, der ist ein Geschäftsfreund von uns. Ich ließ mir ein paar Spiegeleier braten, und Stanislaus ging noch schnell bei Paula vorbei, die ist Magd nebenan. Dann stolperten wir los. Da muß man Bescheid wissen, wenn man sich da nachts zurechtfinden will.

Ich war schlechter Laune und sagte zu Stanislaus, er solle das

Rauchen lassen, das ist doch schon beinahe was wie im Steckbrief ein besonderes Kennzeichen. Aber er kann nicht aufhören damit, er raucht von morgens bis abends und noch länger. . . . Er sagte, ich wäre überhaupt ein Angsthase, und das ärgerte mich. Schließlich steckte ich mir selber eine an.

Wir gingen quer über die Felder zum Bahndamm. Es war ein ekelhafter Nebel da, weil es so nahe am Wasser ist. Die Bahn ist eigentlich zweigleisig, aber wo die Brücke gesprengt war, ist erst ein Gleis wieder rübergelegt. Die Züge fahren hier ganz langsam, und das ist eine prima Stelle zum Aufspringen. Und weil ein paar Kilometer weiter wieder so eine langsame Stelle ist, kommt man auch gut wieder runter. Und das ist für uns natürlich wichtig. Ich habe nämlich gar keine Lust, irgendein Stück von mir auf die Schienen zu legen, wenn grade was drüber rollt.

Wir saßen unten am Bahndamm und froren jämmerlich. Der Nebel schien noch dicker geworden zu sein. Der einzige Vorteil war, daß man in der nassen Luft die Züge von weit her hörte. Der erste kam aus der anderen Richtung, den konnten wir nicht brauchen. Der zweite war ein Personenzug. Man hörte ihn noch lange, nachdem er über die Brücke gerumpelt war. Dann war es still. Stanislaus rauchte, und hin und wieder tat ich's auch. Wir gingen ein paar Schritte hin und her, um uns zu erwärmen. Stanislaus erzählte seine oberschlesischen Witze, die ich alle schon kannte. Dann sprachen wir von Gleiwitz und von der Schillerstraße, und das machte uns ein wenig warm. Auf einmal pfiff in der Ferne eine Lokomotive, und wir machten uns wieder fertig.

Der Güterzug, der jetzt kam, fuhr ziemlich schnell. Ich wußte genau, daß da nichts für uns drin war. Ich habe das im Instinkt. Ich winkte Stanislaus ab, aber der schwang sich auf einen Wagen und schrie: 'Emil, nimm du den nächsten!' oder so was ähnliches, und dann war er im Nebel verschwunden. So was Dummes. Den Wagen kriegte er bestimmt nie auf. Aber er weiß immer alles besser. Ich ließ den Zug vorbeifahren und wartete weiter. Warten muß man können. Drei in der andern Richtung, und ich ärgerte mich schon, daß heute gar nichts klappte.

Die Kälte ging mir immer tiefer, und Stanislaus kam nicht zu-

rück, obwohl mehr als zwei Stunden vergangen waren. Ich blieb
auch sitzen, als es wieder pfiff, und erst als die Lokomotive vorbei
war und ich sah, daß es ein guter Zug war, kletterte ich auf den
Bahndamm. Das Unglück wollte es, daß er sogar hielt. Kann man
da widerstehen, wenn man so direkt eingeladen wird? Ich angelte
mich hoch, löste die Plombe, und als wir abfuhren, wußte ich
schon genau Bescheid, daß es Medikamente waren. Hier und da
waren rote Kreuze drauf und Apothekerwörter. Ein Paket, wo ich
dachte, daß Morphium drin sein könnte, schmiß ich gleich raus.

Das andere waren alles größere Kisten, die ich so nicht brauchen
konnte. Als ich die erste auf hatte, fuhren wir grade über die
Brücke. Ich gebe zu, daß der Lokführer trödelte, vielleicht lag es
auch an den Signalen, aber ich kann auch sagen, daß ich genau und
schnell gearbeitet habe.

Die Kartons, die in der Kiste waren, sah ich mir nicht weiter an.
Ich schmiß zwei und nochmal zwei raus, als wir drüben waren.
Der Zug hielt schon wieder. Ich guckte raus und überlegte, ob ich
absteigen sollte.

Da sehe ich so etwas wie eine dunkle Gestalt neben dem Zug und
sah den Lichtpunkt von der Zigarette. Ich rufe: 'Stanislaus!' und
er kommt rauf, und ich helfe ihm noch. Er knipst gleich seine
Taschenlampe an und guckt in die aufgebrochene Kiste, sagte
aber keinen Ton. Ich muß in dem Augenblick nicht ganz bei mir
gewesen sein, sonst hätte ich doch was gemerkt.

'Nimm deine dämliche Taschenlampe weg!' sage ich zu ihm,
weil er mich von unten bis oben anleuchtet und direkt ins Gesicht.

'Ich glaube, wir hören auf', sage ich noch, 'mehr können wir gar
nicht wegschaffen, bis es wieder hell ist.' Und da merke ich auf
einmal, was ich für ein Rindvieh bin und daß es einer von der
Bahnpolizei ist.

Ich springe gleich raus und er hinterher. Als ich den Bahndamm runter will, stolpere ich. In dem Nebel wäre ich vielleicht
trotzdem entwischt, aber da schrie er 'Emil, Emil!' hinter mir her,
und das machte mich ganz irre. Es war also doch Stanislaus, wie?
So was Verrücktes!

Jedenfalls hat er mich auf einmal gepackt, und ich fühlte etwas im Rücken, was bestimmt ein Pistolenlauf war. Ich nahm ganz mechanisch die Hände hoch. 'Stanislaus?' frage ich noch ganz dumm.

Er durchsuchte mich und nahm mir mein Werkzeug und die Lampe ab. Waffen fand er natürlich nicht, so was nehmen wir nicht mit, unser Handwerk ist friedlich. Dann zog er mir die Brieftasche raus.

'Emil Patoka', sagte er.

'Woher wußten Sie denn vorhin meinen Namen?' fragte ich.

'Setz dich hierhin!' Und er schubste mich auf einen Grenzstein. 'Ich heiße Gustav Patoka.'

'Gustav Patoka, so,' sage ich. Ich kannte nur einen Gustav Patoka, und das war mein Bruder.

GÜNTER EICH, from *Moderne Erzähler 1*, Verlag Schöningh
(Abridged)
By permission of the Author

Vocabulary

der Nebel(–), fog
  ab-stellen, to deposit, leave
der Geschäftsfreund(e), business friend
das Spiegelei(er), fried egg
  braten, briet, gebraten, to fry
die Magd(ᵘe), maid
  nebenan, next door
  los-stolpern(sl.), to start
  stolpern, to stumble, trip
  schlechter Laune sein, to be in a bad temper
der Steckbrief(e), warrant
das Kennzeichen(–), mark
  auf-hören, to stop
der Angsthase(n), coward
  ärgern, to make angry
  an-stecken, to light
  quer über, across
der Bahndamm(ᵘe), railway embankment
  ekelhaft, beastly, disgusting

das Geleise(–), track
  prima, first-rate
  auf-springen, sprang, gesprungen, to jump up on
  frieren, fror, gefroren, to freeze
  jämmerlich, miserable
der Vorteil(e), advantage
die Richtung(en), direction
der Personenzug(ᵘe), slow train
  rumpeln, to rumble
der Witz(e), joke
  pfeifen, pfiff, gepfiffen, to whistle
die Ferne, distance
die Lokomotive(n), engine
der Güterzug(ᵘe), goods train
  ab-winken, to give a sign of warning
  dumm, stupid
der Wagen(–), carriage
  auf-kriegen (sl.), to open
  vorbei-fahren, fuhr, gefahren, to go by

das Unglück, bad luck
    widerstehen, widerstand, wider-
    standen, to resist
sich hoch-angeln (sl.), to pull oneself up
    lösen, to undo
die Plombe(n), seal
das Medikament(e), medicine
    raus-schmeißen, schmiß, geschmis-
    sen, to throw out
die Kiste(n), box, chest
der Lokführer(–) (coll.), engine-driver
    trödeln, to dawdle
    liegen an, lag, gelegen, to be the
      fault of
der Karton(s), cardboard box
    raus-gucken, to peep out
    überlegen, to think over
    ab-steigen, stieg, gestiegen, to get
      down
die Gestalt(en), figure
    an-knipsen, to switch on
die Taschenlampe(n), torch

der Ton(=e), sound
    merken, to notice
    dämlich, silly
    an-leuchten, to throw light on
    weg-schaffen, to carry off
das Rindvieh, cattle, (here) idiot
die Bahnpolizei, railway police
    trotzdem, in spite of
    entwischen, to escape
    irre machen, to confuse
    verrückt, mad
    packen, to get hold of
der Rücken(–), back
der Pistolenlauf(=e), barrel of a pistol
das Werkzeug(e), tool
die Waffe(n), weapon
das Handwerk, trade
    friedlich, peaceful
die Brieftasche(n), wallet
    vorhin, just now
    schubsen (sl.), to push
der Grenzstein(e), boundary stone

Notes

raus (colloquial) — *heraus*. Similarly *rübergelegt* for *herübergelegt*, *runter* for *herunter*, *drin* for *darin*, *rausschmeißen* for *herausschmeißen*, *rausgucken* for *herausgucken*.

Stanislaus = Stanislas: Polish name. Cf. *Wenceslas.*

wo die Brücke gesprengt war, ist erst ein Gleis wieder rübergelegt: where the bridge had been blown up only one track has been laid so far (*sprengen*, to blow up; *Gleis* (n.), track).

irgendein Stück von mir auf die Schienen zu legen, wenn grade was drüber rollt: to put any part of myself on the rails just when something is running across them = I won't let myself be run over by a train (*Schiene* (f.), rail).

oberschlesisch: from the district called Upper Silesia. Silesia, rich in coal-fields which are among the most important in Europe, also has deposits of iron, lead and zinc. The Seven Years War waged by Frederick the Great against the Austrian Empress Maria

Theresa in the name of 'Succession' was in fact fought for the possession of the Silesian coal-fields, now part of Poland.

Gleiwitz = Gliwice, now in Polish territory, is an important centre of coal-mining and steel works as well as of chemical and textile factories.

Schillerstraße: street named after Friedrich Schiller (1759–1805), a great poet famous for his ballads and historical plays such as *Die Jungfrau von Orleans, Maria Stuart, Wilhelm Tell*.

Ich hab das im Instinkt: I've got a feeling for that sort of thing.

Apothekerwörter: words written by a chemist on labels to indicate what kind of medicines are contained in bottles or boxes. In Germany doctors' prescriptions are dealt with by the *Apotheker* (pharmacist), whereas items such as toothbrushes and soap are obtained in shops called *Drogerien* (chemists' shops). Note that a *Chemiker* is a person who has studied chemistry.

Ich muß in dem Augenblick nicht bei mir gewesen sein: I must have been out of my senses at that moment.

Ich nahm ganz mechanisch die Hände hoch: Quite mechanically I put up my hands.

Gustav Patoka: his younger brother whom he had not seen for years. Gustav tells him how, after the war and years spent in a Russian P.O.W. camp, he had joined the police. It is a shock for him to find that Emil has become a thief and black marketeer, for his elder brother, who had brought him up from the time their mother had died, had been for him a model of what a decent man ought to be. All he can do now is to let Emil run away before firing several shots into the air — to prove to his superiors that he did his duty.

MAX FRISCH

Born 1911

21. Ein merkwürdiger Besuch

Max Frisch, the outstanding Swiss dramatist and novelist, was born at Zürich where he now lives. He is also a professional architect, and he has travelled widely in Europe and America. It was after the last war that he published his first play entitled *Nun singen sie wieder*, evoking the tragedy of war. It was followed by *Die chinesische Mauer*, a fantastic survey over a thousand years of history culminating in the invention of the atom bomb, and by *Als der Krieg zu Ende war*, presenting Berlin immediately after the capitulation. One of his recent plays, *Andorra*, deals with racial prejudice. The prose fiction of Frisch includes *Stiller*, a novel about a man who rebels against the established pattern of twentieth-century civilization. A deep pessimism underlies most of the work of Frisch, yet he is also capable of creating laughter that turns tragedy into comedy. For his literary work he has been awarded several important prizes.

The following extract is from the radio play *Herr Biedermann und die Brandstifter* (later developed into a full-length play for the stage under the title *Biedermann und die Brandstifter*). This play, which the author calls a 'morality without a moral', is written as a parable to be interpreted in more than one way; in its simplest form it is the story of an ordinary man who takes the line of least resistance rather than disturb the even tenor of his ways; it is also an allegory of the rise of totalitarian government and a warning against complacency. In the scene that follows, Herr Biedermann, smug, comfortable and well-to-do, is at home complacently entertaining an uninvited guest who has more or less forced his way in. There have been acts of arson in the neighbourhood.

BIEDERMANN: Kurz und gut, mein Herr, was wollen Sie?
SCHMITZ: Mein Name ist Schmitz.

BIEDERMANN: Sie sagten es, ja, sehr erfreut. — Wollen Sie ein Stück Brot?

SCHMITZ: Wenn Sie nichts anderes haben —

BIEDERMANN: Oder ein Glas Wein?

SCHMITZ: Warum nicht.

BIEDERMANN: Anna!

SCHMITZ: Aber nur, wenn ich nicht störe, Herr Biedermann. Ich möchte nicht aufdringlich sein —

(ANNA kommt herein.)

ANNA: Herr Biedermann!

BIEDERMANN: Bringen Sie noch ein Glas, Anna.

ANNA: Ein Glas — ?

SCHMITZ: Und wenn es Ihnen nichts ausmacht, Fräulein: ein Stück Brot. Oder was Sie gerade haben. Etwas Butter, etwas kaltes Fleisch oder so, ein paar Gurken. Nur keine Umstände! Was Sie gerade haben.

ANNA: Sehr wohl.

(ANNA geht hinaus.)

SCHMITZ: Nämlich ich habe Hunger.

BIEDERMANN: Setzen Sie sich.

SCHMITZ: Wovon haben wir gesprochen?

BIEDERMANN: Von dem Mißtrauen heutzutage. Mich wundert es ja nicht, offen gesprochen. Keine Zeitung kann man lesen — heute schon wieder: eine halbe Stadt in Flammen. Bitte! Nichts als Brandstifterei. Bitte! Sehen Sie sich bloß diese Bilder wieder an — !

SCHMITZ: Hat Seldwyla eine gute Feuerwehr?

BIEDERMANN: Das will ich hoffen, mein Herr.

SCHMITZ: Mit roten Autos und Sirenen, daß einem das Mark gefriert, alles aus Messing, wie es sich gehört, blitz und blank, ich verstehe, eine kostspielige Sache, aber es muß ja sein — heutzutage. . . . Kein Glaube an Gott, das ist es.

BIEDERMANN: Nehmen Sie doch Platz!

SCHMITZ: Danke bestens.

(Sie setzen sich. BIEDERMANN füllt die Gläser.)

SCHMITZ: Glauben Sie an Gott?

BIEDERMANN: Warum?

SCHMITZ: Haben Sie keine Sorge, Herr Biedermann, ich bitte Sie nicht um ein Bett. Ich schlafe nie in einem Bett. Kommt nicht in Frage. Ein Unterschlupf auf dem Boden, sehen Sie, das genügt mir vollständig.

BIEDERMANN: Prost!

SCHMITZ: Prost!

(SCHMITZ *läßt hören, wie sehr ihm der Wein mundet.*)

BIEDERMANN: Beaujolais.

SCHMITZ: Und dazu so ein Feuer in Kamin, nicht übel! Da kann ich stundenlang zusehen, wenn es so knistert und um die Scheiter züngelt. Was gibt es gemütlicheres! Und wie dann das Ganze plötzlich zusammenrutscht, tsch, wie die Funken sprühen. . . .

BIEDERMANN: Der Beaujolais dürfte noch etwas wärmer sein.

SCHMITZ: Nämlich mein Vater ist Köhler gewesen, müssen Sie wissen. Drum mag ich das Feuer so — Kindheitserinnerungen — kann mich nicht sattsehen an so einem Feuer.

BIEDERMANN: Glauben Sie an Gott?

SCHMITZ: Ich?

BIEDERMANN: Ja.

SCHMITZ: Wenn Sie es mir nicht krumm nehmen, Herr Biedermann: ich habe Mühe.

BIEDERMANN: Wieso?

SCHMITZ: Nun ja — ich weiß nicht. . . . Die Sintflut, zum Beispiel, wie lange so etwas auf sich warten läßt, langsam macht es einen schon unsicher. Weltkriege sind ja auch kein Trost, finde ich. Wenn man sich so die Überlebenden anschaut! Eine ganze Arbeit, finde ich, so die Arbeit von einem Herrgott ist es nicht — oder finden Sie?

BIEDERMANN: Ich muß schon sagen —

SCHMITZ: Sie lachen!

BIEDERMANN: Sie haben schon eine Art, mein Herr, sich auszudrücken —

SCHMITZ: Nichts für ungut, Herr Biedermann. Meinetwegen müssen Sie nicht an Gott glauben. Ich frage nur so. Die meisten

Leute glauben heutzutage an die Feuerwehr.

(ANNA *kommt zurück.*)

SCHMITZ: Ah!

ANNA: Kaltes Fleisch haben wir leider keins.

SCHMITZ: Das genügt, Fräulein, das genügt. Wurst und Käse! — bloß den Senf haben Sie vergessen.

ANNA: Verzeihung.

SCHMITZ: Aber nur wenn Sie haben, Fräulein —

(ANNA *geht wieder.*)

BIEDERMANN: Sie kennen mich, sagten Sie?

SCHMITZ: Sozusagen.

BIEDERMANN: Woher?

SCHMITZ: Von Ihrer besten Seite, Herr Biedermann, nur von Ihrer besten Seite. Gestern Abend an Ihrem gemütlichen Stammtisch. Sie haben mich nicht bemerkt, ich weiß, Sie haben sich so ereifert. Mit Recht! Eine unmenschliche Welt, das kann man wohl sagen. Aufhängen, sagten Sie, sollte man alle diese Brandstifter! Sie sind ein Mensch, der das Unrecht in der Welt nicht leiden kann, das habe ich schon gemerkt, Herr Biedermann. Sie haben noch Ideale. Die ganze Wirtschaft hat Ihnen zugehört, Herr Biedermann, und genickt, jedesmal wenn Sie in Ihrer Ecke drüben sagten: Freiheit! Oder: Aufhängen sollte man sie! — da habe ich mir im stillen gedacht: Menschen wie Sie, das ist es, was wir brauchen.

BIEDERMANN: Jaja, gewiß, aber —

SCHMITZ: Kein Aber, Herr Biedermann. Sie haben Ideale. Sie glauben noch an das Gute in sich selbst — nicht wahr?

BIEDERMANN: Schon —

SCHMITZ: Sonst würden Sie mich nicht bewirten mit Brot und Wein, Herr Biedermann, sogar mit Butter und Gurken und Käse! Gurken sind doch meine Leibspeise!

BIEDERMANN: Dann lassen Sie es sich schmecken.

CHMITZ: Sie wissen halt noch, was Gerechtigkeit ist. Ich habe mich nicht getäuscht, Herr Biedermann. Sie sind noch ein Mensch, der sich ein Gewissen leistet. . . .

(*Das Telefon klingelt.*)

BIEDERMANN: Sie entschuldigen.
SCHMITZ: Aber bitte.

MAX FRISCH, *Herr Biedermann und die Brandstifter*
By permission of Suhrkamp Verlag, Frankfurt a. M.

Vocabulary

merkwürdig, strange
der Brandstifter(-), fire-raiser
stören, to disturb
aufdringlich, pushing
das Mißtrauen, distrust
heutzutage, nowadays
das Mark, marrow
gefrieren, gefror, gefroren, to freeze
das Messing, brass
sich gehören, to be right and proper
blitz und blank, spick and span
kostspielig, expensive
keine Sorge! no fear!
der Unterschlupf, shelter
der Boden(÷), attic
prost! cheers!
munden, to taste
der Kamin(e), fireplace
stundenlang, for hours
zu-sehen, sah, gesehen, to watch
knistern, to crackle
das Scheit(er), log
züngeln, to lick
rutschen, to slide
der Funke(n), spark
sprühen, to emit
der Köhler(-), charcoal-burner
glauben an, to believe in
sich satt-sehen, sah, gesehen, to see one's fill

krumm nehmen, nahm, genommen, to take amiss
Mühe haben, to find it difficult
die Sintflut, the Flood (biblical)
der Weltkrieg(e), world war
der Trost, comfort
der Überlebende(n), survivor
der Herrgott, God
sich ausdrücken, to express oneself
nichts für ungut! no offence!
meinetwegen, as far as I am concerned
die Feuerwehr, fire-brigade
sozusagen, so to speak
bemerken, to notice
sich ereifern, to get excited
mit Recht, justly so
unmenschlich, inhuman
das Unrecht, injustice
leiden, litt, gelitten, (here) to bear, stand
die Wirtschaft(en), inn
die Freiheit, freedom
bewirten, to treat, entertain
die Leibspeise(n), favourite dish
sich etwas schmecken lassen, to enjoy (food)
die Gerechtigkeit, justice
täuschen, to be mistaken
das Gewissen, conscience
sich leisten, to afford

Notes

Biedermann: the name indicates that the man who is known by it is an honourable, honest man (*ein biederer Mann*) who does nothing the law forbids him to do, but is all the same a very ordinary humdrum fellow.

wenn es Ihnen nichts ausmacht: if it makes no difference to you.

ein paar Gurken: pickled cucumbers.

keine Umstände! don't put yourself out on my account! (*Umstand* (m.), circumstance, fuss).

Brandstifterei: fire-raising, arson. The syllable *erei* conveys that the word is being used in a derogatory sense (cf. *Schreiberei, Singerei, Malerei*). Fire-raising, as the title implies, is the main theme of this radio play. A number of fires have broken out in the neighbourhood — enough to make anyone suspicious. Not so Herr Biedermann, who allows this strange visitor to sleep in the attic, raising no objection when the latter introduces to the house an uninvited companion of his and stacks up the attic with cans filled with petrol. In the end Biedermann himself hands the matches to the two men with which they promptly set fire to the attic. To the terrifying sounds of loud detonations Herr Biedermann's house and the whole town are blown up.

Seldwyla: an imaginary small Swiss town that has become famous by a volume of *Novellen* by the Swiss writer Gottfried Keller (1819–1890), who depicted its inhabitants in *Die Leute von Seldwyla.*

wie es sich gehört: as is fitting (*sich gehören,* to be fitting).

Beaujolais: famous wine from the district bearing the same name situated near the Massif Central in southern France.

Stammtisch: a table in an inn reserved for a group of friends where they may meet and sit and talk for hours; the waiter will see to it that no outsider sits at this table.

FRITZ HOCHWÄLDER

Born 1911

22. Die Beschuldigung

Fritz Hochwälder, the son of a painter and decorator, was born in Vienna in 1911. After working in the same trade as his father and writing in his spare time he became, almost by chance, one of the most successful contemporary playwrights, for when Hitler invaded Austria, he fled to Switzerland where refugees were not allowed to undertake paid employment. Leading a hand-to-mouth existence, Hochwälder devoted himself to writing, and has done so ever since. He now lives in Zürich and has written twelve plays for the stage and two for radio. A dramatist of great vigour, he conforms to the dramatic rules as practised by the French classical writers, the action unfolding in one place within several hours. Hochwälder's plays pose fundamental questions about human problems. Thus, in the tragedy entitled *Der Flüchtling*, he deals with the question: have we the right to remain neutral in order to avoid conflict? In *Die Herberge* he probes into the question: what is justice?

The following extract is chosen from *Das heilige Experiment* (translated into English under the title *The Strong are Lonely*), dealing with the events leading up to the expulsion of the Jesuits from Paraguay in 1767. This extract serves as an example of the author's skill in creating powerful drama by means of simple unadorned language, used with great economy. It occurs in the second act, which is taken up by the inquiry against the Jesuits. The fact that the Provincial is able to refute all accusations does not save them from banishment.

MIURA: Pater Provinzial — ist Euch bekannt, wessen man euch beschuldigt?

PROVINZIAL: Man beschuldigt uns der Aufrichtung eines souveränen Staates und des Ungehorsams gegen den König. Man beschuldigt uns, wir hielten in unseren Siedlungen Silberbergwerke verborgen. Man beschuldigt uns, wir zögen aus unserm Handel wucherischen Gewinn und schädigten dadurch das spanische Reich, dem wir als Untertanen angehören. Man beschuldigt uns schließlich, wir hielten das uns anvertraute indianische Volk in Unfreiheit und Sklaverei.

MIURA: Wir wollen die Beschuldigungen der Reihe nach prüfen. Don Villano — ist es richtig, daß die Jesuiten in Paraguay ein souveränes Reich haben?

VILLANO: Ja, das ist richtig.

MIURA: Pater Provinzial?

PROVINZIAL: Wir haben kein souveränes Reich.

VILLANO: Die Jesuiten machen hier, was sie wollen — ergo sind sie souverän.

MIURA: Sie haben sich aber nicht losgesagt von der spanischen Majestät?

VILLANO: Nein. Losgesagt haben sie sich nicht.

MIURA: Sie sind also nach wie vor des Königs Untertanen?

VILLANO: Ja. Untertanen sind sie.

MIURA: Dann sind sie doch nicht souverän!

VILLANO: Man kann auch sagen: sie sind nicht souverän.

MIURA: Don Arago — schreibt ins Protokoll: es wird festgestellt, daß der Vorwurf, die Jesuiten hätten ein souveränes Reich gegründet, falsch ist.

ARAGO: Ich schreibe.

MIURA: Die zweite Frage, Don Villano. — Sind die Jesuiten in Paraguay dem König ungehorsam?

VILLANO (*wischt sich den Schweiß*): Ungehorsam. So wie ich festgestellt habe: sie sind nicht gerade ungehorsam.

MIURA: Ich frage: sind sie dem König ungehorsam?

VILLANO: Warum sollen sie ungehorsam sein? Bisher hat der König noch nichts verlangt, was besonderen Gehorsam erfordern würde. Sollte er aber etwas verlangen, so muß man damit rechnen, daß es mit dem Gehorsam nicht weit her ist.

MIURA: Pater Provinzial?

PROVINZIAL: Wir sind dem König, der uns schützt, in unbedingtem Gehorsam ergeben.

Miura: Und wenn euch der König nicht schützt?

Provinzial: Auch dann bleibt er unser oberster weltlicher Herr.

Miura: Soll das heißen, daß ihr dem König gehorsam seid, was immer er euch befehlen möge?

Provinzial: Solange der König keine Sünde von uns verlangt, sind wir ihm unbedingt gehorsam.

Miura: Don Arago — schreibt: Auch die zweite Beschuldigung scheint ungerechtfertigt zu sein.

Arago (*schreibend*): . . . unbedingt . . . gehorsam. . . .

Miura: Trifft es zu, Don Villano, daß sich in den Siedlungen der Jesuiten Silberbergwerke befinden?

Villano: Solange ich in den Siedlungen war, hatten die Nachforschungen der Kommissionen noch keinen Erfolg. Aber ich habe noch nicht die Zeit gefunden, alle diese Akten zu studieren. Es ist möglich, daß einige von den Kommissionen in den vergangenen Monaten einem solchen Bergwerk auf die Spur gekommen sind. Vielleicht ist die Entdeckung erst wenige Tage alt, und wir wissen noch gar nichts davon. Deshalb kann man, glaube ich, mit gutem Gewissen sagen: es ist sehr wahrscheinlich, daß die Jesuiten in ihrem Staat das eine oder das andere Silberbergwerk haben.

Miura: Pater Provinzial?

Provinzial: Ich beschwöre, daß im Gebiet aller unserer Siedlungen weder Silber, noch Gold, noch ein anderes edles Metall von uns entdeckt und ausgebeutet wurde.

Miura: Don Villano — habt ihr Beweise für das Vorhandensein eines Silberbergwerks im Gebiet des Jesuitenstaates?

Villano: Nein.

Miura: Dann schreibt, Don Arago: — Bis zur Stunde konnte der Vorwurf, die Jesuiten hätten Silberbergwerke, nicht im geringsten bewiesen werden.

Arago (*schreibend*): . . . nicht im geringsten bewiesen werden. . . .

Miura: Die nächste Beschuldigung: Die Jesuiten zögen aus ihrem Handel wucherischen Gewinn und schädigten dadurch das spanische Reich. — Don Villano!

Villano: Die Jesuiten handeln. Wer handelt, wuchert. Die

Reduktions-Städte sind aus Stein gebaut. Die Kirchen strotzen vor Gold. Woher kommt der Reichtum? Nur aus dem Wuchergewinn der verhandelten Waren. Die Jesuiten ziehen wucherischen Gewinn aus ihrem Handel und schädigen dadurch Spanien, dem rechtens die Waren gehören.

MIURA: Pater Provinzial?

PROVINZIAL: Wir ziehen aus dem Verkauf der Waren, die wir im Überfluß haben, keinen Gewinn. Von Handel kann man deshalb nicht sprechen — geschweige von Wucher. — Ein Beispiel: Mynheer Cornelis aus Rotterdam kaufte heute von uns Herba-Maté im Werte von tausendvierhundert Gulden. Sofort kauft der Prokurator um tausendvierhundert Gulden Eisenwerkzeuge, die zum Feldbau unentbehrlich sind und die wir nicht selbst erzeugen können, da wir das Rohmaterial nicht besitzen. Das Werkzeug wird an alle Siedlungen geliefert, die es benötigen — ob nun der Tee von ihnen stammt oder nicht. — Und so halten wir es in allen Dingen.

MIURA: Ihr verkauft also ohne jeden Reingewinn?

PROVINZIAL: Ohne jeglichen Reingewinn.

MIURA: Und woher nehmt ihr — beispielsweise — die Steuer, die ihr dem König entrichtet?

PROVINZIAL: Auch diese Steuer wird durch Verkauf der entbehrlichen Produkte aufgebracht. Doch ist die Steuer dank Privileg gering.

MIURA: Es ist mir das nicht alles klar. Wir werden sehen. Jedenfalls scheint mir der Vorwurf: wucherisch — nicht gerechtfertigt. . . . Der letzte Punkt: Die Jesuiten halten die ihnen anvertrauten Indios in Unfreiheit und Sklaverei. — Stimmt das, Don Villano?

VILLANO: Der ganze Staat wird regiert von hundert Patres. Hundert Jesuiten herrschen über hundertfünfzigtausend Indios. Die Siedlung Candelaria hat siebentausend indianische Einwohner. Zwei Jesuiten betreuen die ganze Siedlung. Sie sind die einzigen Weißen. — Die Siedlung Miguel hat sechstausend Einwohner. Zwei Jesuiten herrschen. Nirgends, in keiner Siedlung, mehr als zwei Patres. Dreißig Siedlungen — macht sechzig Patres. Die anderen vierzig sind in den Collegien von Cordoba, Tucuman, Asuncion und Buenos Aires. — Die Indios sind nichts — eine Herde von Unmündigen. Die Patres sind alles: Beamte, Richter, Antreiber, Lehrer, Befehlshaber. — Der Indio ist gänzlich unfrei. Wer aber unfrei ist, ist ein Sklave. Die Jesuiten haben in ihrem Staat Unfreiheit und Sklaverei aufgerichtet. (*Setzt sich — wischt sich den Schweiß.*)

PROVINZIAL: Es ist richtig, daß immer zwei Väter über mehrere tausend Indios gebieten. Es ist richtig, daß wir Jesuiten neben den geistlichen auch die weltlichen Angelegenheiten besorgen — müssen! Unsere Indios sind von harmloser, aber kindlicher Gemütsart. Wenn wir nicht das Saatgut austeilten — sie würden alles in wenigen Tagen auffressen. Wenn wir nicht das Fleisch austeilten — die Indios hätten in wenigen Tagen alle Ochsen geschlachtet. Unter der Notwendigkeit, allen alles zu sein, sind wir alles geworden: Handwerker, Bauern, Beamte, Richter. Aus unseren Händen empfängt das Volk alles, was zu seinem geistigen und leiblichen Wohl notwendig ist. Dadurch unterscheidet sich unsere absolute Herrschaft von sehr vielen andern weltlichen Regierungen.

FRITZ HOCHWÄLDER, *Das heilige Experiment*
By permission of the Author and George G. Harrap & Co.

Vocabulary

beschuldigen, to accuse
die Aufrichtung(en), foundation
souverän, sovereign
der Staat(en), state
der Ungehorsam, disobedience
die Siedlung(en), settlement
das Silberbergwerk(e), silver mine
verborgen, hidden
der Handel, trade
wucherisch, profiteering
Gewinn ziehen, to profit
schädigen, to cause damage
dadurch, hereby
das Reich(e), realm

der Untertan(en), subject
an-gehören, to belong to
anvertraut, entrusted
das Volk(⁼er), people
die Unfreiheit, bondage, serfdom
die Sklaverei, slavery
ergo (Lat.), therefore
sich los-sagen, to secede from
falsch, wrong
der Vorwurf(⁼e), accusation
ungehorsam, disobedient
wischen, to wipe
der Schweiß, perspiration
erfordern, to demand

verlangen, to demand

nicht weit her sein, not to be up to much

schützen, to protect

unbedingt, unconditional

ergeben sein, to be devoted

weltlich, secular, worldly

befehlen, befahl, befohlen, to order

die Sünde(n), sin

ungerechtfertigt, unjustified

die Nachforschung(en), investigation

der Erfolg(e), success

das Bergwerk(e), mine

die Spur(en), trace

die Entdeckung(en), discovery

das Gewissen, conscience

beschwören, beschwor, beschworen, to take an oath on

weder . . . noch, neither . . . nor

entdecken, to discover

aus-beuten, to exploit

der Beweis(e), proof

das Vorhandensein, existence

das Gebiet(e), territory

der Vorwurf(ᵉe), reproach

beweisen, bewies, bewiesen, to prove

handeln, to trade

wuchern, to practise usury

strotzen, to abound in

der Wuchergewinn(e), usurious profit

verhandeln, to discuss, negotiate

die Ware(n), goods

rechtens, by law

der Überfluß, surplus, plenty

das Eisenwerkzeug(e), iron tool

der Feldbau, agriculture

unentbehrlich, indispensable

erzeugen, to produce

das Rohmaterial(en), raw material

liefern, to supply

benötigen, to require

stammen, to derive

der Reingewinn(e), net profit

die Steuer(n), tax

entrichten, to pay (taxes)

der Verkauf(ᵉe), sale

entbehrlich, non-essential

auf-bringen, brachte, gebracht, to raise

gering, slight

gerechtfertigt, justified

regieren, to govern

herrschen, to rule

der Einwohner(-), inhabitant

der Unmündige(n), minor

der Richter(-), judge

der Antreiber(-), one who gives orders

der Befehlshaber(-), commander-in-chief

geistlich, spiritual

die Angelegenheit(en), affair

die Gemütsart(en), character, nature

das Saatgut, seeds

aus-teilen, to distribute

schlachten, to kill (animals)

die Notwendigkeit, necessity

der Handwerker(e), craftsman

empfangen, empfing, empfangen, to receive

leiblich, physical

Notes

Provinzial: title of the priest in charge of the provinces into which the Jesuits are organized. This scene, as well as all five acts of this play, takes place in the study of the Pater Provinzial during one day — July 16, 1767.

die Jesuiten: a religious order of the Roman Catholic Church founded in 1534 which spread rapidly into France, Germany,

Italy, Portugal, Russia and Paraguay (South America), where the Jesuits, besides working as evangelists, were also active colonizers creating small Christian republics in the native reserves.

König: Charles III of Spain (1759–1788).

die Reduktions-Städte: towns situated within the native reserves or reductions.

Herba-Maté: tea made from shrub-like plants growing in South America. It was exported in great quantities and even now it constitutes the main beverage in those parts.

Collegien: groups of Jesuit buildings including a centre of learning.

Cordoba: capital of the Argentine province of the same name.

Buenos Aires: capital of the Argentine, founded by Spain in order to provide a safe route for the export of silver.

LUISE RINSER

Born 1911

23. Der alte Karan

Luise Rinser, the daughter of a primary-school teacher, was born at
Pitzling, Upper Bavaria. She too became a school teacher, but during
the Hitler régime she was sent to prison because she was not
prepared to conform. Her experiences in prison are described in
Gefängnistagebuch. Since the end of the last war she has been living
at Munich, married to the composer Carl Orff and working as a
freelance writer. All her work is related to the times we live in.
Exploring the personal relationships between people, she has
written novels such as *Mitte des Lebens*, as well as short stories,
several of which are collected in the volume entitled *Ein Bündel
weißer Narzissen*. She is also the author of literary essays and of
radio plays.

Die gläsernen Ringe, a novel told in the first person, deals with the
growing-up of a little girl. The following extract refers to the time
during the First World War when she was staying at the village of
Sankt Georgen with her great-uncle, a clergyman. It was his sister,
a deeply religious and very capable woman with 'green fingers', who
ran the big house. An incident that occurred one day made the
child see the aunt in yet another light. It happened when Karan
came to the house, an old inmate of the almshouse who hailed from
Russia or Poland.

Eines Tages ereignete sich etwas, das mir das Wesen der Tante
in einem neuen wunderbaren Lichte zeigte. Es gab in Sankt
Georgen einen alten Mann namens Karan, der einst aus Polen
oder Rußland eingewandert war, sich ein Gütchen erworben und
wieder versoffen, drei Frauen rasch hintereinander begraben hatte
und in seinen alten Tagen ins Armenhaus übergesiedelt war.

Dieser Karan hatte ein finsteres Aussehen. Sein Bart hing in
zwei schwarzen öligen Sicheln zu beiden Seiten des wulstigen
Mundes bis zum Hals herab. Seine Haupthaare, die trotz des

Alters dunkel geblieben waren, hingen lang wie die Haare einer Frau, in der Mitte gescheitelt, von Schmutz starrend, um sein breites gelbes Gesicht. Wir Kinder fürchteten Karan; kleinen Kindern drohte man, wenn sie nicht gehorchen wollten: 'Warte, der Karan kommt.'

Dennoch besaß er eine geheime Anziehung, die wohl hauptsächlich daher rührte, daß er singen konnte. Manchmal kauerte ich in einem dichten Busche unweit des Armenhauses und lauschte, wenn Karan mit tiefer wohlklingender Stimme seine fremden traurigen oder wilden Lieder sang. Die Leute liebten ihn nicht. Sie schlossen die Türen zu, wenn sie ihn von weitem kommen sahen; manche ließen sogar den Hund von der Kette. Die Schulkinder erzählten sich, Karan äße Katzen und Schlangen, stehle, was er finde, und habe seine drei Frauen vergiftet.

An einem Nachmittage war ich allein im Hause. Die Tante arbeitete im Garten. Da sah ich Karan kommen. Es war zu spät, die Tür vor ihm zu verschließen. Karan trat ein. Er hatte trotz seines riesigen klobigen Körpers den leisen Gang eines vorsichtigen geschmeidigen Tieres. Ohne zu sprechen, ging er an mir vorüber bis zum Arbeitszimmer meines Onkels. Ich stellte mich abwehrend vor die Tür und rief: 'Der Onkel ist nicht da. Was willst du?' Er schob mich leicht zur Seite und trat ins Zimmer.

Ängstlich und gespannt beobachtete ich ihn. Gleich einem Schlafwandler bewegte er sich durchs Zimmer bis zu dem Schranke, in dem, in unverschlossener Kassette, der Onkel stets Geld liegen hatte. Ich sah, wie Karan seine schmutziggelben Hände, Klauen gleich, nach dem Gelde bog, und schon verschwand ein Geldschein in seinem weiten Ärmel. Als wäre dies alles zeugenlos geschehen, wandte er sich gleichmütig zum Gehen. Im Hausflur sagte er: 'Komm am Abend, ich sing dir was vor.' Der Lockköder war ausgeworfen und beinahe angenommen, doch hatte Karan falsch gerechnet.

In diesem Augenblicke kam die Tante. Karan verbeugte sich derart, daß seine weiten Ärmel das Pflaster peitschten, und seufzte. Dann erhob er seine flache Hand und murmelte einen Bettelspruch. Ich zupfte die Tante am Rock und wollte ihr zu-flüstern, was ich gesehen hatte. Sie aber schien mich geflissentlich zu übersehen. Freundlich faßte sie Karans schmutzige Klaue und sagte: 'Kommt, ich hab gerade eine Tasse Kaffee für Euch.' Karan wand sich, ging aber dennoch mit in die Küche und nahm am Tische Platz.

Endlich fand ich die Tante allein. 'Tante', flüsterte ich erregt, 'er hat Geld genommen aus der Kassette, eine Menge Geld.' Unbegreiflicherweise verstand sie nicht, was ich ihr zweimal, dreimal zuflüsterte. Sie bewirtete den schmierigen Karan aufs köstlichste mit Kaffee und Broten. Im Laufe eines fröhlichen Gesprächs fragte die Tante: 'Braucht Ihr Geld, Karan?' Der Alte nickte, sagte aber dann rasch: 'Nein, nein, hab alles, was ich brauche.'

'Wozu braucht Ihr das Geld, Karan?'

'Tabak, Frau, Tabak.'

'Gut, hier ist Geld, dafür bekommst du ein Paket Pfeifentabak.'

Der Alte steckte das Geld erst ein, als die Tante aufstand, um ein weiteres Brot zu holen. Zuletzt tupfte er die Krumen von der Tischplatte und leckte sie schmatzend vom Finger. Ich betrachtete ihn angewidert aus einiger Entfernung.

Karan stand auf und verbeugte sich wieder mit jenem peitschenden Aufschlag seiner Ärmel. Noch in dieser Verbeugung verharrend, murmelte er: 'Ich will eine Arbeit für Euch tun, Frau.' — 'Gut', sagte die Tante, 'trage die großen Oleanderkübel aus der Kirche in den Jagdsaal.' Sie wies ihm den Weg, dann ging sie in den Garten und nahm mich mit, Karan allein lassend in dem Hause mit unverschlossenen Räumen und Schränken. 'Aber Tante', rief ich entsetzt, 'laß doch den Karan nicht allein, er nimmt nochmals Geld, du wirst sehen.'

Die Tante lächelte: 'Nein, nein, das tut der alte Karan nicht.' Ich verstand ihren Leichtsinn nicht und erwartete einen großen Aufruhr, der gerechterweise mit der Bestrafung des Diebes endigen mußte. Nach einer Weile kam Karan schweißüberströmt und verbeugte sich. 'Bin fertig, Frau.' — 'Vergelt's Gott', sagte die Tante und entließ ihn mit einem fast herzlichen Händedruck.

Als er durch den Garten ging, lautlos und massig sich wiegend, blickten wir ihm nach, ich voll unverhohlenen Abscheus, die Tante mit einem Lächeln, das sich allmählich in ein Gelächter hellster, wärmster Heiterkeit verbreiterte. 'Er ist ein guter Kerl', sagte sie, 'man muß ihn nur recht verstehn.' Ich meldete neuerlich meine Beobachtung. 'Ja', sagte die Tante seufzend, 'wenn einer kein Geld hat und niemand will ihm eins geben, muß er sich da nicht irgendwo eins nehmen, wenn er es nicht besser weiß?'

Als ich kurz darauf in die Küche kam, lag dort auf dem Tische der Geldschein. Ich staunte. Warum hatte ihn Karan wieder hergelegt? Warum, vor allem, hatte er ihn so auffällig hierhergelegt, statt ihn, was ihm freigestanden hätte, unvermerkt wieder in die Kassette zu schmuggeln?

Plötzlich begriff ich beide, ihn und die Tante. Ich lief auf die Tante zu und umarmte sie schluchzend.

LUISE RINSER, *Die gläsernen Ringe*
By permission of S. Fischer Verlag, Frankfurt a. M.

Vocabulary

finster, sinister	*riesig*, gigantic
das Aussehen, appearance	*der Gang*, gait
ölig, oily	*geschmeidig*, supple
die Sichel(n), sickle	*das Arbeitszimmer(–)*, study
wulstig, thick	*abwehrend*, defensive
das Haupthaar(e), hair	*schieben, schob, geschoben*, to push
gescheitelt, parted	*ängstlich*, anxious
der Schmutz, dirt	*gespannt*, eager
starrend vor, rigid with	*beobachten*, to watch
drohen, to threaten	*der Schlafwandler(–)*, sleep-walker
geheim, secret	*sich bewegen*, to move
die Anziehung, attraction	*unverschlossen*, unlocked
hauptsächlich, mainly	*die Kassette(n)*, money-box
rühren (daher), to derive (from)	*stets*, always
kauern, to crouch, squat	*die Klaue(n)*, claw
lauschen, to listen intently	*biegen, bog, gebogen*, to bend
wohlklingend, melodious	*der Geldschein(e)*, bank-note
die Kette(n), chain	*zeugenlos*, without witness
stehlen, stahl, gestohlen, to steal	*sich wenden*, to turn around
vergiften, to poison	*gleichmütig*, unperturbed
ein-treten, trat, getreten, to enter	*der Hausflur(e)*, entrance hall

der Lockköder(-), bait
   aus-werfen, warf, geworfen, to cast
   rechnen, to calculate
sich verbeugen, to bow
   derart, in such a way
das Pflaster(-), paved floor
   peitschen, to lash
   seufzen, to sigh
der Bettelspruch(⸚e), begging words
   zupfen, to tug
der Rock(⸚e), skirt
   zu-flüstern, to whisper to
   geflissentlich, deliberate
   übersehen, übersah, übersehen, to overlook
   gerade, just now
sich wenden, wand, gewunden, to twist
   erregt, excited
eine Menge, a lot of
   unbegreiflicherweise, in an inconceivable way
   bewirten, to entertain
   aufs köstlichste, in the most delightful way
   im Laufe, during
   fröhlich, cheerful
das Gespräch(e), talk
der Pfeifentabak, pipe tobacco
   ein-stecken, to pocket
   tupfen, to touch lightly

die Krume(n), crumb
die Tischplatte(n), table-top
   lecken, to lick
   schmatzen, to smack one's lips
   betrachten, to observe
   angewidert, disgusted
   verharren, to remain
der Kübel(-), tub
   entsetzt, horrified
die Bestrafung(en), punishment
   schweißüberströmt, covered with sweat
   vergelt's Gott, God bless you
   entlassen, entließ, entlassen, to dismiss
   herzlich, cordial
der Händedruck, handshake
   massig, huge
sich wiegen, to sway
   unverhohlen, unconcealed
der Abscheu, disgust
   melden, to report
die Beobachtung(en), observation
   auffällig, striking, obvious
   unvermerkt, unnoticed
   schmuggeln, to smuggle
   umarmen, to embrace
   schluchzend, sobbing
   begreifen, begriff, begriffen, to understand

Notes

Jagdsaal: large room where hunting trophies such as stags' antlers are displayed on the walls, where possibly firearms are kept as in a gun-room (*Jagd* (f.), hunt; *Saal* (m.), hall).

Ich verstand ihren Leichtsinn nicht und erwartete einen großen Aufruhr, der gerechterweise mit der Bestrafung des Diebes endigen mußte: I did not understand how she could be so careless and expected a great row that was bound to end in the punishment of the thief (*Leichtsinn* (m.), negligence; *Aufruhr* (m.), row; *Bestrafung* (f.), punishment; *Dieb* (m.), thief).

*mit einem Lächeln, das sich allmählich in ein Gelächter hellster
Heiterkeit verbreiterte:* with a smile that gradually dissolved into
a peal of the merriest laughter (*Lächeln* (n.), smile; *Gelächter*
(n.), laughter; *Heiterkeit* (f.), merriment).

man muß ihn nur verstehn (colloquial)=*verstehen:* one has only to
understand him.

wenn einer kein Geld hat und niemand gibt ihm eins=*und niemand
gibt ihm welches:* if one has no money and there is no one to give
you any.

ERWIN WICKERT

Born 1915

24. Aus einem Hörspiel

Erwin Wickert was born in 1915 in a village near Freienwalde a.d. Oder. After studying Philosophy and History of Art at Berlin, Heidelberg and in the U.S.A., he worked in the States and used the money he saved to finance a trip to the Far East. The end of the war found him in Japan where, for two years, he lived in a village at the foot of Mount Fuji writing stories and a novel, *Du mußt dein Leben ändern*, set against a Japanese background. Later Wickert returned to Germany and after a tour round the world in 1955 he settled in Godesberg on the Rhine, where he is devoting himself to writing. His latest novel, *Der Auftrag*, has been published in English.

The following extract is from the radio play *Der Klassenaufsatz*, introducing a group of German boys and girls about to leave school, reading aloud passages from their last essay in which they had to write about their plans for the future. In thirty-five brief scenes the play illuminates the lives of eight people, yet on a higher level it could also be taken for an inquiry into the meaning of life. Geiger, the story-teller, holds together the three phases of the play which spotlight the time at which he left school, the events leading up to the year 1954 and his visit to his old school in 1954.

(Klasse)

SIEBUSCH *(langsam einblenden)*: Ich gebe Ihnen heute den Aufsatz zurück. Sie waren anscheinend alle auf das Thema vorbereitet. Es hat sich wohl herumgesprochen, daß ich immer, wenn ich in der Oberprima unterrichte, über das Thema 'Wie ich mir mein Leben vorstelle' einen Aufsatz schreiben lasse. Ich habe ihn auf gesonderte Bogen schreiben lassen, damit Sie die Blätter mit nach Hause nehmen und gut aufbewahren können. Für diesen Aufsatz habe ich keine Noten verteilt.

(Lärmender Beifall)

Bitte freuen Sie sich nicht zu früh! Auch Sie nicht, Geiger! Die endgültigen Noten über dieses Thema, das Sie hier schriftlich behandelt haben, werden Sie sich selbst geben. Allerdings nicht heute und morgen; aber vielleicht in zwanzig, dreißig oder vierzig Jahren.

(*Etwas energischer.*) Manche können indessen von Glück sagen, daß ich unter diesen Aufsatz keine Zensuren geschrieben habe. Christa Daniels zum Beispiel. Chri-sta auf-wa-chen! Ach! Sie sehen mich wieder ganz erschrocken mit Ihren Rehaugen an, als sei ich der böse Zauberer, der Ihnen plötzlich im Märchenwald entgegentritt. Christa, Ihre Rechtschreibung schreit zum Himmel! Wie Sie damit durchs Leben kommen wollen. . . .

MÜLLER-DETMOLD: Durchs Leben schon, aber nicht durchs Abitur!

(*Heiterkeit*)

SIEBUSCH (*ohne darauf einzugehen*): Wie Sie damit durchs Leben kommen wollen, wissen die Götter. Wie schreiben Sie 'Existenz'?

CHRISTA: E-x-i-s-t-e-n (*stockt*). . . .

SIEBUSCH: Weiter!

CHRISTA: S?

(*Heiterkeit*)

SIEBUSCH: Kilian, was meinen Sie dazu?

KILIAN (*verwirrt*): Bitte?

SIEBUSCH: Sie haben wieder zum Fenster hinausgeschaut, Kilian. Was sehen Sie denn nur da draußen?

KILIAN (*ganz selbstverständlich*): Die Kastanienbäume.

(*Gelächter*)

SIEBUSCH: Nun werden Sie auch noch unverschämt. Ich verbitte mir das! In der nächsten Stunde wechseln Sie Ihren Fensterplatz mit dem Geiger.

KILIAN: Verzeihung, ich wollte gar nicht unverschämt sein. Ich dachte nur. . . .

SIEBUSCH: Es ist gut. — Also: der letzte Buchstabe des Wortes 'Existenz' lautet? Christa?

CHRISTA: Z?

SIEBUSCH: Allerdings! 'Z' und kein 'S'.

Ich gebe Ihnen nun die Blätter zurück und bitte Sie, die angestrichenen Stellen vorzulesen. Christa Daniels?

CHRISTA: Ja?

SIEBUSCH: Bitte fangen Sie an! — Haben Sie Lampenfieber?

CHRISTA (*lächelnd*): Ein bißchen; aber es wird schon gehen. (*Räuspert sich und liest dann.*) Wenn ich das Abitur bestanden habe, will ich Archäologie studieren. Vor allem lockt mich die Beschäftigung mit der griechischen und römischen Kultur. Nach der Promotion möchte ich nicht an einem Institut oder einem Museum arbeiten. Ich werde mich bemühen, bei Ausgrabungen selbst dabei zu sein.

SIEBUSCH: Haben Sie sich einmal Gedanken darüber gemacht, wie Sie das praktisch durchsetzen wollen?

CHRISTA (*naiv*): Nein.

SIEBUSCH: Oder ob Sie sich das finanziell leisten können?

CHRISTA (*ganz erschrocken*): Nein.

SIEBUSCH: Wollen Sie nicht lieber Ihre griechischen und lateinischen Kenntnisse anders anwenden? Zum Beispiel als Lehrerin?

CHRISTA (*entrüstet*): O nein!

(*Heiterkeit*)

SIEBUSCH (*auch etwas amüsiert*): Von Lehrern scheinen Sie also nicht viel zu halten?

CHRISTA (*verlegen*): Nein. Doch. Nein, so habe ich es nicht gemeint. Ich meine. . . .

SIEBUSCH: Na was?

CHRISTA: Ich meine. . . . Unterricht geben, das lenkt zu sehr ab von dem, was eigentlich wichtig ist. (*Ist mit ihrer Erklärung selbst nicht ganz zufrieden.*) Ach, am besten lese ich einmal weiter, vielleicht wird es dadurch deutlicher.

SIEBUSCH (*etwas ironisch*): Also gut, erklären Sie uns, was eigentlich wichtig ist!

CHRISTA (*lesend*): Wenn ich die antiken Schriftsteller lese, nähere ich mich zwar der alten Welt; aber sie wird mir dadurch doch nie ganz wirklich. Ich möchte sagen, es ist, als ob ich von einem Bild nur die Umrißzeichnung, aber nicht die Farben kenne. Mit der Archäologie glaube ich einen Einblick in die wirkliche Welt der Antike zu gewinnen; natürlich nicht, wenn ich nur wissenschaftliche Werke oder systematische Darstellungen einer Epoche studiere, aber vielleicht, wenn mir bei einer Ausgrabung eine Scherbe, ein Marmorbruchstück oder ein antikes Kinderspielzeug in die Hand fällt. Es muß solche Augenblicke geben, in denen man plötzlich ganz in die Existenz eines anderen Zeitalters versinkt. . . .

MÜLLER-DETMOLD (*spricht dazwischen*, CHRISTA *unterbricht nicht*): Existenz mit 'Z'.

CHRISTA: . . . so, als habe man *damals eigentlich* gelebt. In einem solchen Augenblick werde ich ganz glücklich sein, und ich glaube, daß mir kein anderer Beruf dieses Gefühl gewähren kann.

(*Sie setzt sich*)

ERWIN WICKERT, *Cäsar und der Phönix*
Steingrüben Verlag
By permission of the Author

Vocabulary

das Hörspiel(e), radio play
   ein-blenden, to fade in
der Aufsatz(÷e), essay
   anscheinend, apparently
das Thema(en), subject
   vor-bereiten, to prepare
sich herum-sprechen, sprach, gesprochen,
   to be talked about
unterrichten, to teach
sich vor-stellen, to imagine
der Bogen(÷), sheet
das Blatt(÷er), page
   auf-bewahren, to keep
die Note(n), grade, mark
   verteilen, to distribute
   lärmend, noisy
der Beifall, applause
   schriftlich, in writing
   behandeln, to treat
   allerdings, to be sure

das Glück, luck
die Zensur(en), mark
das Rehauge(n), deer's eye
der Zauberer(–), magician
das Märchen(–), fairy-tale
   entgegen-treten, trat, getreten, to
   meet
die Heiterkeit, amusement
   stocken, hesitate
   verwirrt, confused
   selbstverständlich, naturally
der Kastanienbaum(÷e), chestnut tree
   unverschämt, impertinent
sich etwas verbitten, verbat, verbeten,
   not to stand for
   wechseln, to change
die Verzeihung, pardon
   angezeichnet, indicated
die Stelle(n), passage
   vor-lesen, las, gelesen, to read aloud

sich räuspern, to clear one's throat
locken, to tempt
die Beschäftigung(en), occupation
griechisch, Greek
römisch, Roman
sich bemühen, to make an effort
die Ausgrabung(en), excavation
der Gedanke(n), thought
durch-setzen, to achieve
ich leisten, to afford
die Kenntnisse (pl.), knowledge
erschrocken, startled
an-wenden, to apply
entrüstet, horrified
halten von, hielt, gehalten, to think of
verlegen, embarrassed
ab-lenken, to divert

die Erklärung(en), explanation
zufrieden, satisfied
deutlich, clearly
antik, classical
der Schriftsteller(–), writer
sich nähern, to come near
wirklich, near
der Einblick(e), insight
der Umriß(sse), contour
wissenschaftlich, scientific
die Darstellung(en), description
die Scherbe(n), broken fragment
das Marmorbruchstück(e), chip of marble
das Kinderspielzeug(e), toy
der Beruf(e), profession
gewähren, to grant

Notes

Hörspiel: radio play. As the German word indicates, this type of play demands concentration on listening without distraction by the watching eye. In this play the author presents simultaneously several actions taking place at different times — like a mosaic. To him it is a definite advantage that, as in the *Novelle*, only a small slice of life is shown which must be illuminated all the more clearly.

Ihre Rechtschreibung schreit zum Himmel: Your spelling is a disgrace (*Rechtschreibung* (f.), spelling; *Himmel* (m.), heaven).

Abitur: see page 73.

Promotion: public ceremony of taking a doctor's degree (graduation) after a written thesis has been passed by the examining professors.

Von Lehrern scheinen Sie nicht viel zu halten? You do not seem to have a high opinion of teachers? All the same, Christa, after marrying and losing her husband whose plane was shot down over England during the war, turns to teaching Latin in a school in order to keep herself and her two children.

HEINRICH BÖLL

Born 1917

25. August 1939

Heinrich Böll may claim to be the contemporary German author most widely read outside his own country. Born in Cologne in 1917 as the son of a carpenter, he owes his German nationality to the fact that one of his father's Catholic ancestors emigrated from England under Henry VIII! After working in the book trade Böll was called up for military service. War and the aftermath of war influenced his literary work, which includes five novels and a great number of outstanding short stories written in a vivid and colloquial style. His first novels deal with problems of family life, and in *Haus ohne Hüter* he spotlights the sad life of two eleven-year-old boys who never knew their fathers. His latest novel, *Ansichten eines Clowns*, aroused protest in some circles because of its outspoken anticlerical attitude. Böll also wrote essays and radio plays as well as a warm-hearted book about Ireland entitled *Irisches Tagebuch*, a humorous and sympathetic record of his impressions and thoughts about the 'Green Island', which he knows intimately.

The following passage is from *Die Postkarte*, included in the volume entitled *So ward Abend und Morgen*. The story is told by the chief clerk of a textile firm who, some time after the last war, recalls one particular day in 1939.

In der Küche klopfte meine Mutter Fleisch, und wenn sie für einen Augenblick aussetzte, hörte ich, daß sie etwas vor sich hinsummte. Es war ein Kirchenlied. Ich war sehr glücklich. Am Tage vorher hatte ich die Gehilfenprüfung bestanden, ich hatte eine gute Stelle in einer Textilfabrik, eine Stelle mit Aufstiegsmöglichkeiten — aber jetzt hatte ich Urlaub, vierzehn Tage Urlaub, und es war Sommer. Draußen war es heiß, aber ich hatte Hitze damals noch gern: durch die Spalten in den Läden sah ich draußen das, was man uns Glast zu nennen gelehrt hat; ich sah das Grün der Bäume vor unserem Haus, hörte die Straßenbahn. Und ich freute mich auf das Frühstück.

Dann kam die Mutter, um an meiner Tür zu horchen; sie ging durch die Diele, blieb vor meiner Tür stehen, und es war einen Augenblick still in unserer Wohnung, und ich wollte gerade 'Mutter' rufen, da klingelte es. Meine Mutter ging zur Tür, und ich hörte unten dieses merkwürdig helle Brummen des Summers, vier-, fünf-, sechsmal brummte er, und meine Mutter sprach draußen mit Frau Kurz, die neben uns wohnte. Dann kam eine Männerstimme, und ich wußte sofort, daß es der Briefträger war, obwohl ich ihn nur selten gehört hatte. Der Briefträger kam in unseren Flur, meine Mutter sagte: 'Was?' und der Briefträger sagte: 'Hier — unterschreiben Sie bitte.' Dann war es einen Augenblick still, der Briefträger sagte: 'Danke schön', meine Mutter warf die Tür hinter ihm zu, und ich hörte, daß sie in die Küche zurückging.

Kurz danach stand ich auf und ging ins Badezimmer. Ich rasierte mich, wusch mich lange und gründlich, und als ich den Wasserhahn abstellte, hörte ich, daß meine Mutter angefangen hatte, den Kaffee zu mahlen. Es war wie sonntags, nur daß ich an diesem Tage nicht in der Kirche gewesen war.

Niemand wird es mir glauben, aber mein Herz war mir plötzlich schwer. Ich weiß nicht warum, aber es war mir schwer. Ich hörte die Kaffeemühle nicht mehr. Ich trocknete mich ab, zog Hemd und Hose an, Strümpfe und Schuhe, kämmte mich und ging ins Wohnzimmer. Blumen standen auf dem Tisch, schöne rosa Nelken, es war alles sauber gedeckt, und auf meinem Teller lag eine rote Packung Zigaretten.

Dann kam die Mutter mit der Kaffeekanne aus der Küche, und ich sah sofort, daß sie geweint hatte. Sie hielt in der einen Hand die Kaffeekanne, in der anderen ein kleines Päckchen Post, und ihre Augen waren gerötet. Ich ging ihr entgegen, nahm ihr die Tasse aus der Hand, küßte sie auf die Wange und sagte: 'Guten Morgen.' Sie blickte mich an, sagte: 'Guten Morgen, hast du gut geschlafen?' Dabei versuchte sie zu lächeln, aber es gelang ihr nicht.

Wir setzten uns, meine Mutter goß Kaffee ein, und ich öffnete die rote Packung, die auf meinem Teller lag, und steckte eine Zigarette an. Ich hatte plötzlich keinen Appetit mehr. Ich rührte Milch und Zucker im Kaffee um, versuchte, die Mutter anzusehen,

aber ich senkte immer wieder schnell den Blick. 'Ist Post gekommen?' fragte ich, obwohl es sinnlos war, denn die kleine rote
Hand der Mutter ruhte auf dem kleinen Päckchen, auf dem
zuoberst die Zeitung lag.

'Ja,' sagte sie und schob mir den Packen zu. Ich schlug die
Zeitung auf, während meine Mutter anfing, mir ein Butterbrot zu
schmieren. Auf dem Titelblatt der Zeitung stand als Schlagzeile:
'Fortgesetzte Schikanen gegen Deutsche im Korridor!' Ähnliches
stand schon seit Wochen auf den Titelblättern der Zeitungen.
Berichte von dem Geknalle an der polnischen Grenze und von den
Flüchtlingen, die die Sphäre polnischen Haders verließen und ins
Reich flüchteten. Ich legte die Zeitung weg. Dann las ich den
Prospekt einer Weinfirma, die uns manchmal beliefert hatte, als
Vater noch lebte. Irgendwelche Rieslinge wurden wohlfeil ange-
boten. Ich legte auch den Prospekt weg.

Inzwischen hatte meine Mutter das Butterbrot fertig, legte es
mir auf den Teller und sagte: 'Iß doch was!' Sie brach in heftiges
Schluchzen aus. Ich brachte es nicht über mich, sie anzusehen. Ich
kann keinen Menschen ansehen, der wirklich leidet — aber ich
begriff jetzt erst, daß es irgendetwas mit der Post sein mußte. Die
Post mußte es sein.

Ich drückte die Zigarette aus, biß in mein Butterbrot und nahm
den nächsten Brief, und als ich ihn aufhob, sah ich, daß darunter
noch eine Postkarte lag. Aber den Einschreibezettel hatte ich nicht
gesehen, diesen winzigen Papierfetzen, den ich heute noch aufbe-
wahre, und der mich in den Ruf der Sentimentalität bringt. So las
ich erst den Brief. Der Brief war von Onkel Edi. Onkel Edi
schrieb, daß er endlich nach langen Assessorjahren Studienrat
geworden war, aber er hatte sich in ein kleines Hunsrücknest versetzen lassen müssen; es war finanziell kaum eine Verbesserung,
weil er nun in die miserabelste Ortsklasse geraten war. Und seine
Kinder hatten Keuchhusten gehabt, und alles kotze ihn an, schrieb
er, wir wüßten ja warum. Wir wußten warum, und auch uns kotze
es an. Es kotzte viele an.

Als ich nach der Postkarte greifen wollte, sah ich, daß sie weg
war. Meine Mutter hatte sie genommen, hielt sie sich vor die

Augen, und ich starrte auf mein angebissenes Butterbrot, rührte in meinem Kaffee und wartete. Ich vergesse das nicht. Meine Mutter hatte nur einmal so schrecklich geweint: als mein Vater gestorben war, und auch damals hatte ich nicht gewagt, sie anzusehen. Eine Scheu, für die ich keinen Namen kannte, hatte mich davon abgehalten, sie zu trösten.

Ich versuchte, in das Butterbrot zu beißen, aber es würgte mir im Halse, denn ich hatte plötzlich begriffen, daß es nur etwas sein konnte, das mich betraf, was die Mutter so außer Fassung bringen konnte. Die Mutter sagte irgend etwas, was ich nicht verstand, und gab mir die Karte, und jetzt sah ich das Einschreibe-Etikett: Dieses rotumrandete Rechteck, das durch einen roten Strich in zwei untere Rechtecke geteilt war, von denen das kleinere ein fettes schwarzes R und das größere das Wort 'Düsseldorf' und die Zahl 634 enthielt. Sonst war die Postkarte ganz normal, sie war an mich adressiert, und auf der Rückseite stand: 'Herrn Bruno Schneider. Sie haben sich am 5.8.39 in der Schlieffen-Kaserne in Adenbrück zu einer achtwöchigen Übung einzufinden.'

HEINRICH BÖLL, *So ward Abend und Morgen*
By permission of the Author and Verlag Der Arche, Zürich

Vocabulary

klopfen, to beat
aus-setzen, to stop
summen, to hum
das Kirchenlied(er), hymn
der Gehilfe(n), clerk, shop assistant
bestehen, bestand, bestanden, to pass
die Stelle(n), post
die Textilfabrik(en), textile factory
der Urlaub(e), leave
damals, in those days
die Spalte(n), crack
der Laden(∴), shutter
der Glast, lustre, glare
horchen, to prick one's ears
die Diele(n), hall
klingeln, to ring

der Summer(–), buzzer
brummen, to buzz
der Flur(e), passage
unterschreiben, to sign
rasieren, to shave
gründlich, thoroughly
der Wasserhahn(∴e), tap
ab-stellen, to turn off
mahlen, to grind
die Kaffeemühle(n), coffee mill
ab-trocknen, to dry
das Hemd(en), shirt
die Hose(n), trousers
der Strumpf(∴e), stocking
die Nelke(n), carnation
die Packung(en), packet

die Kaffeekanne(n), coffee pot
das Päckchen(-), small packet
die Wange(n), cheek
  an-stecken, to light
  um-rühren, to stir
  senken, to lower
  sinnlos, senseless
  ruhen, to rest
  zuoberst, on top
  schmieren, to spread
das Titelblatt(⸚er), title-page
die Schlagzeile(n), headline
der Bericht(e), account
das Geknall, shooting
  polnisch, Polish
die Grenze(n), frontier
der Hader, strife
  verlassen, verließ, verlassen, to leave
der Prospekt(e), brochure, leaflet
  beliefern, to supply
  wohlfeil, inexpensive
  ausbrechen, brach, gebrochen, to start

heftig, violent
das Schluchzen, sobbing
  leiden, litt, gelitten, to suffer
  aus-drücken, to express, stub out
  winzig, minute
der Papierfetzen(-), scrap of paper
  auf-bewahren, to keep
  versetzen, to transfer
die Verbesserung(en), improvement
der Keuchhusten, whooping cough
  greifen, griff, gegriffen, to seize
  wagen, to dare
die Scheu, shyness
  ab-halten, hielt, gehalten, to prevent
  trösten, to comfort
  würgen, to swallow
  betreffen, betraf, betroffen, to concern
die Fassung, composure
  rotumrandet, with a red edge
das Rechteck(e), rectangle
der Strich(e), stroke

Notes

eine Stelle mit Aufstiegsmöglichkeiten: a position with an opportunity for promotion (*Aufstieg* (m.), promotion; *Möglichkeit* (f.), opportunity).

Fortgesetzte Schikanen gegen Deutsche im Korridor: continued intrigues against Germans in the Corridor. This refers to Germans who were, at that time, living in the so-called Polish Corridor, a stretch of land allotted to the Poles after the First World War in order to give them access to the Baltic Sea. This resulted in the former East Prussian province being separated from the German mainland and, when Hitler began advocating a revision of the Peace Treaty of 1919, the question of the Polish Corridor loomed very large. The beginning of the Second World War was in fact Hitler's seizure of the free city and port of Gdansk (Danzig), and this resulted in Great Britain declaring war on Germany, for this country had concluded an alliance with Poland.

Flüchtlinge, die ins Reich flüchteten: refugees who fled into Germany (*Reich* (n.), empire, country). *Das Deutsche Reich* was the official name of Germany from 1871 to 1945. The Nazis called their German state *Das Dritte Reich*, and Hitler aimed at uniting all Germans under the slogan: '*Ein Volk, ein Reich, ein Führer.*' (*Volk* (n.), people; *Führer* (m.), leader.)

Einschreibezettel, Einschreibe-Etikett: both expressions stand for the receipt one signs on receiving a registered parcel or letter (*einschreiben*, to register; *Zettel* (m.), slip of paper; *Etikett* (f.), label). But here the label was stuck on to the card.

daß er endlich nach langen Assessorjahren Studienrat geworden war: after working for years as a temporary master he had at last become *Studienrat*, the title conferred on teachers in permanent employment in German secondary schools.

Hunsrücknest: a miserable little hole in the hilly district of the *Hunsrück* mountains, in the Rhineland.

alles kotze ihn an, wir wüßten ja warum. Wir wußten warum, und auch uns kotzte es an. Es kotzte viele an: everything made him sick, and we ought to know why. We did know why, and it made us sick too. Many felt the same way. This passage refers to conditions under Hitler, just before the outbreak of war.

Düsseldorf: capital of North Rhine–Westphalia, on the right bank of the Rhine and near the Ruhr. It is an important centre of heavy industry as well as of the chemical, paper, spinning, dying and furniture industries.

Schlieffen-Kaserne: Schlieffen Barracks. Alfred, Count von Schlieffen (1833–1913), a German general, made plans for a campaign against France. Many Germans felt that, had the full Schlieffen plan been put into action during the First World War, their country might have been saved from defeat.

zu einer achtwöchigen Übung: to manœuvres lasting for eight weeks. In fact these eight weeks were prolonged into the war years 1939–45.

HANS BENDER

Born 1919

26. Das Gewitter

Hans Bender was born in the peaceful district of Mühlhausen near the Black Forest. After studying Literature and History of Art at the Universities of Erlangen and Heidelberg, he was called up for military service and subsequently spent several years in a prisoner-of-war camp in Russia. It was there that he completed his novel entitled *Wunschkost*. He now lives in Cologne, writing poetry and prose fiction besides editing *Akzente*, a literary magazine. His best-known short stories are collected in the volume *Wölfe und Tauben*; the title indicates the author's attitude to his characters, who are seen either as wolves or doves.

The following extract is from *Das Gasthaus*, one of Bender's stories based on his childhood memories. Our extract recalls a thunderstorm experienced by young Hans at the inn owned by his family. There he would watch the tradesmen and foresters, the travellers and village folk foregathering and, at the early age of ten, he would scribble down in his notebook all they said. Later on he applied the same realistic method in his work, writing down what he observed wherever he went.

Am Sonntag nach Martini war Kerwe. Die Beefsteaks und Koteletts, die Hühnchen und Hähnchen wurden schon am Samstagabend gebraten. Ein brauner, fetter Bratenduft schwelte aus der Küche.

Die Gäste kamen in dunklen Anzügen; sie brachten ihre Frauen mit. Sie tranken Flaschenweine aus der Pfalz, von der Mosel und der Nahe. Am Abend war Tanz, drei Abende hintereinander. Herr Becker und seine drei Söhne machten Tanzmusik. Hugo spielte Klavier, Otto die Geige, Heinz die Trompete, und der alte Becker strich die Baßgeige. Der Saal unter der tiefen Decke voller Girlanden und Lampions wogte von den tanzenden Paaren.

Hans durfte zusehen, ein Hühnerbein essen, eine Flasche Limonade trinken, bis die Großmutter, die in der Küche Geschirr spülen half, ihn ins Bett zog.

Er lag wach, hörte unten die Musik, den Schrei der Trompete, die dunklen Schritte der Baßgeige. Er schlief ein, er wurde wach und unten waren noch immer die Musik und das Gewoge der Tänzer.

Wie Donner dröhnte die Musik, grollte, rollte — ein Blitz überflammte das Fenster. Nein, es war keine Musik. Ein Gewitter füllte die Nacht, ein böses, gefährliches Novembergewitter! Hans sprang auf, das Licht anzuknipsen, aber das Licht brannte nicht mehr. Im Dunkeln tastete er die Treppe hinab, und niemand hörte seine Rufe.

In der Küchentür schloß ihn die Großmutter in ihre Arme. Sie trug ihn bis zur Kerze, die auf dem Tisch flackerte, sie setzte ihn auf ihren Schoß und knetete seine kalten Füße mit ihren warmen Händen.

Neben ihrem Gesicht sah er durch das kleine Fenster in den Saal. Im Saal brannten viele Kerzen, Stearinkerzen, in die Hälse der Weinflaschen gesteckt. Auf dem Klavier brannten Kerzen und beleuchteten die Notenblätter, hinter denen Herr Becker und seine Söhne die Instrumente bliesen und strichen. Die Paare drehten sich im Schein der Kerzen, und wenn ein Blitz flammte, sah Hans ihre weißen Gesichter, die bunten Kleider der Mädchen, die gestreiften Hemden der Burschen.

'Sie sollten aufhören zu tanzen', sagte die Großmutter. 'Man tanzt nicht, wenn Gott droht.'

'Sag es ihnen doch, Großmutter! Sie sollen aufhören!'

'Es nutzt nichts. Es macht ihnen sogar Spaß, im Gewitter zu tanzen. Oh, so viel Sünde ist in der Welt!'

Sie umarmte Hans. Sie drückte ihre Hände an seine Brust und spürte sein Herz klopfen.

Damit er weniger Angst hätte, erzählte Großmutter die biblische Geschichte von Sodom und Gomorra: 'Auch dort tanzten sie, bis der Schwefel vom Himmel fiel.' — Lange spann sie den Handel zwischen dem lieben Gott und dem Abraham aus:

' "Gut", sagte der liebe Gott, "wenn ich in Sodom vierzig Gerechte finde, will ich die Stadt verschonen."

"Sagen wir fünfunddreißig", sagte Abraham.

"Gut, fünfunddreissig", sagte der liebe Gott.

"Mach es bitte mit dreißig!"

"Gut, dann mit dreißig."

Abraham sagte: "Dreißig sind sehr viele. . . . ."

"Nicht zu viele für eine große Stadt', sagte der liebe Gott.

"Ach, schone sie schon mit zwanzig, mir zuliebe."

"Also gut, dir zuliebe schone ich sie bei zwanzig."

Abraham hustete und schluckte, lächelte und sagte, so ähnlich wie du, wenn du Geld für Mohrenköpfe willst:

"Und wenn es nur zehn wären?"

Der liebe Gott überlegte eine Weile, dann sagte er: "Abgemacht, ich schone sie schon bei zehn." '

Ob im Saal zehn Gerechte waren? — Ein greller Blitz und ein polternder Donner fielen zusammen. Das Gewitter hing über dem Haus! Die Kerzen zuckten, und viele verlöschten, aber die Musikanten spielten weiter ihre Walzer, und die Tänzer drehten sich, umschlangen sich enger, lachten und johlten.

Die Großmutter erzählte den Untergang der Städte: 'Fackeln fielen aus den Wolken, Feuerkugeln und salzige Phosphortropfen, die sich in die Haut fraßen. Die Fackeln und Kugeln fielen auf die Dächer. Die Schindeln und Balken fingen Feuer, und die Steine zerschmolzen in der Hitze. Auch die Menschen fingen Feuer. Als Fackeln liefen sie durch die Feuergassen, sprangen in die Flüsse, aber auch die Flüsse brannten.'

Hans schrie auf. Das Feuer fiel in den Saal, in die Küche!

'Das Licht ist wieder da!' rief die Großmutter. 'Schau in den Saal, wie alle sich freuen.'

Die Burschen und Mädchen öffneten die Fenster, sie lehnten sich hinaus in die reine Nachtluft und fächerten mit ihren Taschentüchern die Kühle vor die Stirnen. Die Serviermädchen kamen ans Fenster und riefen nach frischen Tellern.

'Und der Hans ist auch noch wach!' sagten sie.

Die Donner grummelten ferner. Die Blitze leuchteten kühl und blau.

'Sie sollen weitertanzen', sagte die Großmutter. 'Der liebe Gott hat nichts dagegen. Lauter Gerechte!'

HANS BENDER, *Mit dem Postschiff* (1962)
By permission of the Author and Carl Hanser Verlag, München

Vocabulary

das Gewitter(–), thunderstorm
das Hühnchen(–), chicken
das Hähnchen(–), cockerel
　braten, briet, gebraten, to roast
der Anzug(⸚e), suit
die Geige(n), violin
die Baßgeige(n), double-bass
　tief, low
die Decke(n), ceiling
die Girlande(n), festoon
das Lampion(s), Chinese lantern
das Hühnerbein(e), chicken leg
das Geschirr, crockery
　spülen, to wash up
der Schrei(e), call
der Schritt(e), step
das Gewoge, throng
der Donner(–), thunder
　dröhnen, to rumble
　grollen, to roll
der Blitz(e), lightning
　überflammen, to light up
　an-knipsen, to switch on
sich hinab-tasten, to grope one's way
　　down
der Ruf(e), call
die Kerze(n), candle
　flackern, to flicker
der Schoß(⸚e), lap
　kneten, to massage
das Notenblatt(⸚er), sheet of music
　blasen, blies, geblasen, to blow
　streichen, strich, gestrichen, to bow
　　(i.e. play a stringed instrument)

flammen, blaze, flash
gestreift, striped
das Hemd(en), shirt
drohen, to threaten
die Sünde(n), sin
umarmen, to hug
drücken, to press
spüren, to feel
der Schwefel, sulphur
aus-spinnen, spann, gesponnen, to
　draw out
der Handel(⸚), deal, bargain
der liebe Gott, God, Father
der Gerechte(n), just man
verschonen, to spare
mir zuliebe, for my sake
husten, to cough
schlucken, to swallow
überlegen, to ponder
abgemacht, agreed
grell, dazzling
polternd, rumbling
zucken, to twitch
verlöschen, to go out
umschlingen, umschlang, um-
　schlungen, to embrace
johlen, to yell, scream
der Untergang, end (of the world)
die Fackel(n), torch
die Feuerkugel(n), ball of fire
salzig, salty
der Tropfen(–), drop
die Haut(⸚e), skin
die Schindel(n), shingle

der Balken(-), beam
  zerschmelzen, zerschmolz, zerschmolzen, to melt
die Hitze, heat
sich hinaus-lehnen, to lean out
  fächern, to fan

die Kühle, freshness (of air)
das Serviermädchen(-), waitress
  wach, awake
grummeln, to rumble
lauter, nothing but

Notes

Martini: November 11th, Feast of St. Martin (316–400), patron saint of France, who was Bishop of Tours. As this feast replaced a pagan festival, it perpetuated some pagan customs involving much drinking and eating, e.g. the *Martinsgans* (*Gans* (f.), goose); therefore St. Martin is also known as the patron of drinking.

Kerwe = Kirmes = Kirchweih: country wake or kermess, used formerly to indicate the Mass said in Catholic countries on the anniversary of the foundation of a church and in honour of its patron. Now these festivities are nothing but country fairs.

Bratenduft schwelte aus der Küche: the tempting smell of roast meat came wafting from the kitchen (*Braten* (m.), roast meat; *Duft* (m.), scent; *schwelen*, to smoulder).

die Pfalz: abbreviation for *Rheinpfalz*, the Palatinate, formerly an Electorate, the ruler of which was one of the seven Electors entitled to choose the Emperor of the Holy Roman Empire.

von der Mosel = Moselle (French): a tributary of the Rhine, rising in the Vosges Mountains stretching along the eastern frontier of France, in Alsace.

Hans: the author himself when a young boy.

Sodom und Gomorra: two cities near the Dead Sea mentioned in Genesis, chaps. xiii, xiv and xix. They were destroyed by a rain of fire and brimstone because of the wickedness of their inhabitants.

Mohrenköpfe: see page 43.

ILSE AICHINGER

Born 1921

27. Der Stern

Ilse Aichinger was born in Vienna in 1921. During the German occupation of Austria she and her family were exposed to persecution. After the war she studied Medicine at the University of Vienna but she did not complete her studies because she wanted to finish her first book, the novel entitled *Die größere Hoffnung*. This was followed by a volume of short stories published under the title *Der Gefesselte* and by dialogues and plays for radio such as *Knöpfe*. She now lives at Lenggries near Munich, and she is the wife of Günter Eich (see No. 20). For her literary work Ilse Aichinger has been awarded several prizes, including that of the *Gruppe 47*, an association of progressive contemporary German writers.

The action of *Die größere Hoffnung* takes place in an unnamed German town during the last war. Ellen lives alone with her grandmother, a Jewish woman dreading deportation to the East where Jews were systematically killed by the Nazis. As her father is not a Jew, Ellen herself is not in immediate danger; but he has joined the army and Ellen is told she must forget him. She decides to wear the yellow Star of David — which Jews were obliged to wear — because she wants to identify herself with her Jewish friends. Our extract shows her before the birthday party of Georg, who is one of them.

Die Großmutter war weggegangen. Wie ein schwankendes Schiff war sie um die Ecke gebogen. Solange man sie noch sehen konnte, stand ihr Schirm wie ein schwarzes Segel gegen den nassen Wind. Unbestimmte Gerüchte zogen fröstelnd durch die Gassen der Insel. Die Großmutter war weggegangen, um Näheres zu erfahren.

Näheres? Ellen lächelte nachdenklich. Die Großmutter wollte Gewißheit haben. Wie ungewiß war alle Gewißheit. Gewiß war das Ungewisse, und es wurde immer gewisser seit der Erschaffung der Welt.

Ein Stockwerk höher gab Tante Sonja Klavierstunden. Sie gab sie heimlich. Im Zimmer links stritten die beiden Buben. Deutlich hörte man ihre bitteren, hellen Stimmen. Im Zimmer rechts schrie der taube, alte Mann mit seiner Bulldogge: 'Hast du eine Ahnung, was geschehen wird, Peggy? Sie sagen mir nichts, keiner sagte mir was!'

Ellen holte zwei Blechdeckel aus dem Schrank und schlug sie zornig gegeneinander. Vom Hof schrie die Hausbesorgerin. Es klang wie: Pack — packen — sich packen!

Einen Augenblick starrte Ellen auf die leeren, grauen Wände. Sie war allein zu Hause. In den Zimmern links und rechts wohnten Fremde. Sir war allein in diesem Zimmer. Und dieses Zimmer war zu Hause. Sie nahm den Mantel vom Haken an der Tür. Die Großmutter konnte bald wiederkommen, sie mußte sich beeilen.

Sie riß den Stern vom Kleid, ihre Hände zitterten. Leuchten mußte man, wenn es so dunkel war, und wie sollte man leuchten, wenn nicht durch den Stern? Sie ließ sich das nicht verbieten, nicht von ihrer Großmutter und nicht von der geheimen Polizei. Rasch, mit großen ungeschickten Stichen nähte sie ihn an die linke Manteltasche. Sie saß auf dem Tisch und hielt den Kopf dicht darüber gebeugt. Dann schlüpfte sie in den Mantel, schlug die Tür hinter sich zu und rannte die Treppe hinunter.

Sie lief durch die alten, nebligen Gassen, vorbei an Gleichgültigen und Glatten. Der Stern an ihrem Mantel beflügelte sie. Laut klapperten ihre Sohlen auf dem harten Pflaster. Sie lief durch die Gassen der Insel.

Erst die Torte im halbhellen Schaufenster der Konditorei brachte sie zum Stehen. Die Torte war weiß und glänzend, und darauf stand mit rosa Zuckerguß 'Herzlicher Glückwunsch'. Die Torte war für Georg, sie war der Friede selbst. Rötliche, gefältelte Vorhänge umgaben sie von allen Seiten wie durchschimmernde Hände. Wie oft waren sie hier gestanden und hatten geschaut. Einmal war es eine gelbe Torte gewesen und einmal eine grüne. Aber heute war sie am schönsten.

Ellen stieß die Glastür auf. In der Haltung eines fremden Eroberers betrat sie die Konditorei und ging mit großen Schritten auf den Ladentisch zu. 'Guten Abend!' sagte die Verkäuferin abwesend, hob den Blick von den Fingernägeln und verstummte.

'Herzlichen Glückwunsch', sagte Ellen, 'diese Torte möchte ich.' Lang und feucht hing ihr Haar über den alten Mantel. Der Mantel war viel zu kurz und das Schottenkleid schaute zwei Handbreit darunter hervor. Aber das allein hätte es nicht gemacht. Was den Ausschlag gab, war der Stern. Ruhig und hell prangte er an dem dünnen, dunkelblauen Stoff, so als wäre er überzeugt davon, daß er am Himmel stand.

Ellen hatte das Geld vor sich auf den Ladentisch gelegt, sie hatte seit Wochen gespart. Sie wußte den Preis.

Die Gäste ringsum hörten zu essen auf. Die Verkäuferin stützte die dicken, roten Arme auf die silberne Kassa. Ihr Blick saugte sich an dem Stern fest. Sie sah nichts als den Stern. Hinter Ellen stand jemand auf. Ein Sessel wurde gegen die Wand gestoßen.

'Bitte die Torte', sagte Ellen noch einmal und schob das Geld mit zwei Fingern näher an die Kassa. Sie konnte sich diese Verzögerung nicht erklären. 'Wenn sie mehr kostet', murmelte sie unsicher, 'wenn sie jetzt vielleicht mehr kostet, so hole ich den Rest, ich habe noch etwas zu Hause. Und ich kann mich beeilen —' Sie hob den Kopf und sah in das Gesicht der Verkäuferin. Was sie sah, war Haß.

'Wenn Sie bis dahin noch offen haben!' stammelte Ellen.

'Schau, daß du verschwindest!'

'Bitte', sagte Ellen ängstlich, 'Sie irren sich. Sie irren sich bestimmt. Ich will die Torte nicht geschenkt haben, ich will sie kaufen! Und wenn sie mehr kostet, so bin ich bereit, ich bin bereit —'

'Du bist nicht gefragt', erklärte die Verkäuferin eisig, 'geh! Geh jetzt, sonst lasse ich dich verhaften!'

Sie löste die Arme von der Kassa und ging langsam um den Ladentisch herum. Sie kam auf Ellen zu.

Ellen stand ganz still und sah ihr ins Gesicht. Sie war nicht sicher, auch wirklich wach zu sein. Sie strich sich mit der Hand über die Augen. Die Verkäuferin stand dicht vor ihr.

'Geh! Hörst du nicht? Sei froh, wenn ich dich gehen lasse!' Sie schrie.

Die Gäste rührten sich nicht. Ellen wandte sich hilfesuchend nach ihnen um. In diesem Augenblick sahen alle den Stern an ihrem Mantel. Einzelne lachten höhnisch. Die andern hatten ein mitleidiges Lächeln um den Mund. Keiner half ihr.

'Wenn sie mehr kostet', begann Ellen zum dritten Mal. Ihre Lippen zitterten.

'Sie kostet mehr', sagte einer von den Gästen.

Ellen sah an sich hinab. Plötzlich wußte sie den Preis für die Torte. Sie hatte ihn vergessen. Sie hatte vergessen, daß die Leute mit dem Stern Geschäfte nicht betreten durften, noch weniger eine Konditorei. Der Preis für die Torte war der Stern.

ILSE AICHINGER, Die größere Hoffnung
By permission of S. Fischer Verlag, Frankfurt a. M.

Vocabulary

schwankend, swaying	*reißen, riß, gerissen,* to pull, tear
biegen, bog, gebogen, to turn	*zittern,* to tremble
der Schirm(e), umbrella	*leuchten,* to shine
das Segel(–), sail	*verbieten, verbot, verboten,* to forbid
unbestimmt, vague	
das Gerücht(e), rumour	*ungeschickt,* clumsy
fröstelnd, shivering	*der Stich(e),* stitch
Näheres, details	*nähen,* to sew
nachdenklich, thoughtful	*gebeugt,* bent
die Gewißheit, certainly	*schlüpfen,* to slip
die Erschaffung, creation	*zu-schlagen, schlug, geschlagen,* to shut with a bang
die Klavierstunde(n), piano lesson	
streiten, stritt, gestritten, to quarrel	*rennen, rannte, gerannt,* to run
taub, deaf	*neblig,* foggy
die Bulldogge(n), bull terrier	*gleichgültig,* indifferent
die Ahnung, idea	*glatt,* smooth
der Blechdeckel(–), tin lid	*beflügeln,* to give wings
gegenaneinander-schlagen, schlug, geschlagen, to bang together	*klappern,* to clatter (shoes on the pavement)
zornig, furious	*die Sohle(n),* sole
leer, empty	*das Pflaster,* pavement
der Fremde(n), stranger	*das Schaufenster(–),* shop window
der Haken(–), hook	*glänzend,* shining
sich beeilen, to hurry	*rosa,* pink

der Zuckerguß, icing
der Friede, peace
rötlich, reddish
gefältet, pleated
der Vorhang(÷e), curtain
umgeben, umgab, umgeben, to surround
durchschimmernd, transparent
auf-stoßen, stieß, gestoßen, to push open
die Haltung, bearing
der Eroberer(–), conqueror
der Ladentisch(e), counter
die Verkäuferin(nen), saleswoman
abwesend, absent-minded
heben, hob, gehoben, to raise
der Blick(e), gaze
der Fingernagel(÷), finger-nail
verstummen, to fall silent
kurz, short
den Ausschlag geben, to be decisive
ruhig, calm
prangen, to glitter

der Stoff(e), material
überzeugt, convinced
sparen, to save
dick, fat
die Kassa(en), till
die Verzögerung(en), delay
murmeln, to murmur
der Haß, hatred
verschwinden, verschwand, verschwunden, to disappear
ängstlich, anxious
sich irren, to be mistaken
bereit sein, to be prepared
verhaften, to arrest
lösen, to take away
wach sein, to be awake
streichen (mit der Hand über), strich, gestrichen, to rub
schreien, schrie, geschrieen, to shout
rühren, to move
höhnisch, sneering
mitleidig, sympathetically, compassionately

Notes

Der Stern: the yellow Star of David which the Nazis forced every Jew to wear, in Germany as well as in the countries they occupied, before they proceeded with what they called the 'Final Solution' — deportation to Eastern concentration camps and subsequent murder of about six million Jews, about one-third of all Jewish people. It should be remembered that, when the Germans occupied Denmark, King Christian of Denmark made it known that he and his family and court would wear the yellow star if the Germans forced the Danish Jews to wear it. The Danish Jews never had to wear it.

die Gassen: narrow streets, intersecting with main thoroughfares.

Ein Stockwerk höher: in a block of flats of this type a number of families occupy flats on the same floor.

Sie gab sie heimlich: before deporting the Jews the Nazi authorities made it practically impossible for them to earn a living, hence the aunt was obliged to give piano lessons secretly (*heimlich,* secretly).

die Hausbesorgerin: caretaker. In a block of flats the woman whose job it is to look after the house generally (keeping passages and stairs clean, etc.) would occupy a ground-floor flat from where she could observe the people who entered the house.

Pack — packen — sich packen: these words, so similar to each other, all have a double meaning, conveying a sinister foreboding of ghastly things to come — deportation and annihilation (*Pack* (n.), parcel; rabble, pack; *packen*, to pack a parcel, to handle roughly; *sich packen*, to leave, to clear out).

von der geheimen Polizei: the Gestapo, short for *Geheime Staatspolizei*, the dreaded Secret Police.

die Torte: a round cake shaped like a sandwich cake, consisting of a richer pastry than the latter, usually sandwiched together and topped with a rich chocolate or similar cream and with whipped cream.

die Konditorei: confectioner's and cake shop to which a café is often attached where people take coffee and cakes about four o'clock in the afternoon, the equivalent of tea-time. Bread and rolls are obtained in a *Bäckerei* (at the baker's), never in a *Konditorei*.

Herzlicher Glückwunsch! Many happy returns of the day! Similarly *Herzlicher Glückwunsch zum Neuen Jahr!*

das Schottenkleid schaute zwei Handbreit darunter hervor: the frock made of checked material was two hands' width longer than the outgrown coat (*Schotte* (m.), Scotsman; *schottisch*, Scots).

Sie hatte vergessen, daß die Leute mit dem Stern Geschäfte nicht betreten durften: She had forgotten that people with the star were forbidden to enter shops, except special ones where they had to call at certain days and times (see Albert Goes, *Das Brandopfer*); their rations were hardly above the hunger-line, they were forbidden to use public transport, to sit on seats in public gardens, in short, were treated as inferior in every way.

FRIEDRICH DÜRRENMATT

Born 1921

28. Nach Paris!

Friedrich Dürrenmatt, who is the son of a Protestant clergyman, was born in Konolfingen near Bern (Switzerland). He studied Philosophy and Theology at the University of Zürich, then worked as a designer, but since the end of the last war he has devoted himself entirely to writing. His literary work, for which he was awarded the Schiller Prize, so far includes eight plays for the stage, poetry, essays, stories and novels as well as scripts for radio and film. It is through his comedies that Dürrenmatt, one of the leading contemporary playwrights in the German language, has won fame. His first success was *Romulus der Große*, an 'unhistoric comedy' about the fall of the Roman Empire. Abroad, he is best known for *Die Physiker* and *Der Besuch der alten Dame*, a comedy depicting a rich old woman who returns to her native town in order to find someone willing to murder for money the man who betrayed her in her youth. The grotesque and the absurd play a large part in the writings of this author, who maintains that the time for tragedy has passed because it can flourish only against the background of a well-ordered world. Comedy alone is adequate to deal with our time, which he views pessimistically.

The next passage is from *Der Verdacht*, one of the author's detective novels influenced by Chesterton and Poe.

'Wollen Sie für zehn Tage nach Paris fahren?' fragte der Polizeikommissär wie beiläufig.

'Nach Paris?' schrie der Redaktor und sprang vom Stuhl. 'Bei meiner Seligkeit, falls ich eine besitze, nach Paris? Ich, der ich die französische Literatur wie kein zweiter verehre? Mit dem nächsten Zug!'

Fortschig schnappte vor Überraschung und Freude nach Luft.

'Fünfhundert Franken und ein Billet liegen für Sie beim Notar Butz in der Bundesgasse bereit,' sagte Bärlach ruhig. 'Die Fahrt tut Ihnen gut. Paris ist eine schöne Stadt, die schönste Stadt, die ich kenne, von Konstantinopel abgesehen; und die Franzosen, ich weiß nicht, Fortschig, die Franzosen sind doch die besten und kultiviertesten Kerle. Da kommt nicht einmal so ein waschechter Türke dagegen auf.'

'Nach Paris, nach Paris', stammelte der arme Teufel.

'Aber vorher brauche ich Sie in einer Affäre, die mir schwer auf dem Magen liegt', sagte Bärlach und faßte das Männchen scharf ins Auge. 'Es ist eine heillose Sache.'

'Ein Verbrechen?' zitterte der andere.

Es gelte eins aufzudecken, antwortete der Kommissär.

Fortschig legte langsam die 'Little-Rose' auf den Aschenbecher neben sich. 'Ist es gefährlich, was ich unternehmen muß?' fragte er mit großen Augen.

'Nein', sagte der Alte. 'Es ist nicht gefährlich. Und damit auch jede Möglichkeit der Gefahr beseitigt wird, schicke ich Sie nach Paris. Aber Sie müssen mir gehorchen. Wann erscheint die nächste Nummer des "Apfelschuß"?'

'Ich weiß nicht. Wenn ich Geld habe.'

'Wann können Sie eine Nummer verschicken?' fragte der Kommissär.

'Sofort', antwortete Fortschig.

Ob er den 'Apfelschuß' allein herstelle, wollte Bärlach wissen.

'Allein. Mit der Schreibmaschine und einem alten Vervielfältigungsapparat', antwortete der Redaktor.

'In wieviel Exemplaren?'

'In fünfundvierzig. Es ist eben eine ganz kleine Zeitung', kam es leise vom Stuhl her. 'Es haben nie mehr als fünfzehn abonniert.'

Der Kommissär überlegte einen Augenblick.

'Die nächste Nummer des "Apfelschuß" soll in einer Riesenauflage erscheinen. In dreihundert Exemplaren. Ich zahle Ihnen die ganze Auflage. Ich verlange nichts von Ihnen, als daß Sie für diese Nummer einen bestimmten Artikel verfassen; was sonst noch darin steht, ist Ihre Sache. In diesem Artikel (er überreichte ihm den Bogen) wird das stehen, was ich hier niedergeschrieben habe; aber in Ihrer Sprache, Fortschig, in Ihrer besten möchte ich es haben, wie in Ihrer guten Zeit. Mehr als meine Angaben brauchen Sie nicht zu wissen, auch nicht, wer der Arzt ist, gegen den sich das Pamphlet richtet. Meine Behauptungen sollen Sie nicht irritieren; daß sie stimmen, dürfen Sie mir glauben, ich bürge dafür. Im Artikel, den Sie an bestimmte Spitäler senden werden, steht nur eine Unwahrheit, die nämlich, daß Sie, Fortschig, die Beweise zu Ihrer Behauptung in Händen hätten und auch den Namen des Arztes wüßten. Das ist der gefährliche Punkt. Darum müssen Sie nach Paris, wenn Sie den "Apfelschuß" auf die Post gebracht haben. Noch in der gleichen Nacht.'

'Ich werde schreiben, und ich werde fahren', versicherte der Schriftsteller, den Bogen in der Hand, den ihm der Alte überreicht hatte.

Er war ein ganz anderer Mensch geworden und tanzte freudig von einem Bein auf das andere.

'Sie sprechen mit keinem Menschen von Ihrer Reise', befahl Bärlach.

'Mit keinem Menschen. Mit keinem einzigen Menschen!' beteuerte Fortschig.

Wieviel denn die Herausgabe der Nummer koste, fragte der Alte.

'Vierhundert Franken', forderte das Männchen mit glänzenden Augen, stolz darüber, endlich zu etwas Wohlstand zu kommen.

Der Kommissär nickte. 'Sie können das Geld bei meinem guten Butz holen. Wenn Sie sich beeilen, gibt er es Ihnen schon heute, ich habe mit ihm telephoniert. — Sie werden fahren, wenn die Nummer heraus ist?' fragte er noch einmal, von einem unbesiegbaren Mißtrauen erfüllt.

'Sofort', schwur der kleine Kerl und streckte drei Finger in die Höhe. 'In der gleichen Nacht. Nach Paris.'

FRIEDRICH DÜRRENMATT, *Der Verdacht*
By permission of Verlagsanstalt Benziger, Einsiedeln

Vocabulary

der Polizeikommissär(e), police inspec- tor
wie beiläufig, casually
der Redaktor(en), editor
bei meiner Seligkeit! upon my soul!
 besitzen, besaß, besessen, to own
 verehren, to admire
die Fahrt(en), trip
der Kerl(e), chap, fellow
  auf-kommen gegen, kam, gekom- men, to be a match for
 waschecht (sl.), genuine
der Türke(n), Turk
 stammeln, to stammer
der arme Teufel, wretch
das Verbrechen(–), crime
 zittern, to tremble
 gelten, galt, gegolten, to be a matter of
 auf-decken, to expose
der Aschenbecher(–), ash-tray
 gefährlich, dangerous
die Möglichkeit(en), possibility
die Gefahr(en), danger
 beseitigen, to remove
 gehorchen, to obey
 verschicken, to dispatch
 her-stellen, to produce
die Schreibmaschine(n), typewriter

der Vervielfältigungsapparat(e), dupli- cating machine
das Exemplar(e), number
 abonnieren, to subscribe
 überlegen, to think over
die Riesenauflage(n), giant edition
 bestimmt, specified
 verfassen, to write
 überreichen, to hand over
der Bogen(⸚), sheet of paper
die Angabe(n), information
die Behauptung(en), statement
 irritieren, to annoy
 stimmen, to be correct
 bürgen für, to vouch for
das Spital(⸚er), hospital
die Unwahrheit(en), untruth
der Beweis(e), proof
 versichern, to assure
 befehlen, to order
 beteuern, to affirm, assure
die Herausgabe(n), publication
 fordern, to demand
der Wohlstand, affluence
 nicken, to nod
 unbesiegbar, invincible
das Mißtrauen, distrust, suspicion
 schwören, schwur, geschworen, to swear

Notes

Fortschig: editor of a paper entitled *Der Apfelschuß*.

Apfelschuß: the title of the paper refers to the shot which Wilhelm Tell, the legendary Swiss hero, aimed at the apple placed on the head of his young son on the orders of the cruel Geßler. Even- tually, according to the legend, Tell killed Geßler and freed the Swiss from the tyranny of their Austrian overlords. Friedrich Schiller (1759–1805), famous poet and dramatist, wrote a play entitled *Wilhelm Tell*.

Bärlach: police inspector who enters the nursing home of Dr. Emmenberger as a private patient in order to bring to light the crimes committed by the doctor during the time he acted as camp doctor in a notorious concentration camp. After some incredible experiences in the nursing home Bärlach succeeds in achieving what he set out to do. To readers of Dürrenmatt, Police Inspector Bärlach is already known from the author's detective novel, *Der Richter und sein Henker.*

eine Affäre, die mir schwer auf dem Magen liegt: I am sick and tired of this business (*sich den Magen überladen,* to overeat).

faßte das Männchen scharf ins Auge: fixed his glance on the little man.

'In der gleichen Nacht. Nach Paris!': 'The very same evening. To Paris!' Yet Fortschig never reached Paris. Instead of keeping the matter dark and leaving for Paris immediately, he delayed his departure to throw a party for his friends in order to celebrate. During the party at his flat he was found dead.

SIEGFRIED LENZ

Born 1926

29. Das alte Pferd

Siegfried Lenz, the son of a clerk, was born at Lyck in East Prussia (now Poland). During the post-war period he came to Hamburg to study Philosophy, English and Literature. Such were the conditions in Germany at that time that he could only finance his studies by entering into black-market activities, selling anything from onions to needles. Lack of money, however, prevented him from completing his formal studies. So he turned to journalism and learned to write. The authors on whom he modelled himself were Dostoevsky, Camus, Faulkner and Hemingway. Later he succeeded in establishing himself as a freelance writer. He now lives in Hamburg, but he spends his summers in Denmark. So far he has published numerous stories and five novels, one of which — *Der Mann im Strom* — is about a diver who is getting too old for his work; another novel — *Brot und Spiele* — describes the rise and fall of a long-distance runner. Lenz has also written essays and radio plays, and he has won several literary prizes.

The first extract from his work, chosen from the story *Lotte soll nicht sterben*, takes us to the author's native land of Masuria, a district of vast dark forests and lakes, of humble villages inhabited by wood-cutters, peasants and fishermen. Lenz describes the same region in his gay stories, *So zärtlich war Suleyken*.

Es ist eine einfache Geschichte, denn sie handelt nur vom Tod und von der Liebe eines Jungen zu einem alten Pferd, und sie passierte in Masuren, zwischen einsamen Wäldern, Mooren und Seen. Masuren war ein schönes Stück Erde und so voller Einsamkeit, daß man dort richtig verloren gehen könnte. Das kleine Dorf Romeiken beispielsweise war so ein verlorenes Dorf; die Leute, die hier wohnten, waren Holzfäller und Bauern, und die meisten von ihnen hatten immer nur den Himmel von Romeiken gesehen und nie ein anderes Wasser getrunken als das von Romeiken. Sie waren noch nie aus diesem Dorf herausgekommen, und wenn es einer mal tun mußte, dann traf er gleich Vorbereitungen, als ob er zu einem andern Stern reisen wollte. Vielleicht glaubten einige sogar, daß die Welt hinter den Feldern von Romeiken zu Ende sei. Das mag schon sein.

Rudi jedenfalls glaubte es nicht mehr, obwohl er nur neun Jahre alt war, denn er hatte einen Großvater, der in Johannisburg eine Sägemühle besaß, und Johannisburg war ziemlich weit von Romeiken entfernt. Rudi lief in Sommer immer barfuß, er trug ein graues Flanellhemd und eine kurze, schwarze Manchesterhose, und die Sonne hatte seine Beine und sein Gesicht verbrannt und sein Haar ausgebleicht. Er flitzte oft in den Wäldern herum oder am See, aber die meiste Zeit verbrachte er an der Wiese, denn da war er immer in der Nähe von Lotte.

Lotte war ein Pferd, eine alte Grauschimmelstute, die Rudis Vater gehörte, und sie war schon so alt, daß sie nicht mehr zu arbeiten brauchte. Lotte war beinahe zweiundzwanzig Jahre alt und bekam, wie man sagt, das Gnadenbrot. Trotz ihres Alters aber war Lotte noch ein schönes Pferd, und vielleicht lag die größte Schönheit in ihren dunklen, stillen, ein wenig traurigen Augen. Rudi verbrachte die meiste Zeit bei ihr, und er schleppte ganze Bündel von Löwenzahn und wildem Rhabarber an, und während er das dem Pferd auf flacher Hand hinhielt, sprach er mit ihm und erzählte ihm alles mögliche. Und er dachte, das würde immer so weitergehen und schön sein und nie ein Ende nehmen, bis er selbst einmal alt wäre.

Aber eines Tages — Rudi war zufällig auf dem Hof — , da kam ein Mann in einem Kastenwagen angefahren, ein älterer, hagerer Mann mit grauem Stoppelhaar und einer zerkratzten Lederweste. Er fragte Rudi: He, ist dein Vater zu Hause? Und Rudi sagte: Er ist drin.

Der Mann nickte und ging in das Haus hinein, und Rudi war neugierig, was der von seinem Vater wollte, und er schlich unter das Fenster. Aber er konnte nicht verstehen, was die beiden Männer besprachen, nur zum Schluß kamen sie etwas näher an das Fenster heran, und da hörte er, daß sie von Lotte sprachen. Der

Mann mit der Lederweste sagte: Ich komme morgen früh vorbei, gegen fünf, dann nehme ich sie mit. Und Rudis Vater sagte: Gut, ich werde alles soweit fertig machen, und vergiß nicht, mir in den nächsten Tagen den linken Vorderfuß zu bringen. —

Dann kamen die beiden Männer auch schon heraus, und Rudi sprang hinter die Sonnenblumen, um nicht gesehen zu werden. Und als der Kastenwagen vom Hof fuhr, ging er durch den Apfelgarten zur Straße und sah den Mann mit der Lederweste am Wagen sitzen, und Rudi folgte ihm, langsam und verwirrt. Er konnte es sich nicht erklären, warum der Vater Lotte weggeben wollte, den einzigen Grauschimmel, den er noch hatte, und eine wilde Angst erfaßte ihn, als er an den linken Vorderfuß des Pferdes dachte, den der Vater zurückhaben wollte. Sie wollen Lotte totmachen, überlegte er verzweifelt, das alte Pferd soll sterben.

Der Kastenwagen schaukelte einen sandigen Feldweg hinauf, und bei dem kleinen, verkrüppelten Kirschbaum bog er ab und hielt direkt auf den Kiefernwald zu, und dann rumpelte er noch ein Stück durch den Wald und hielt vor einem Gehöft. Neben dem Gehöft standen zwei Schuppen, und das ganze Anwesen war mit einer Hecke aus trockenen Kiefernzweigen eingezäunt. Wenn man die Hecke anstieß, rieselte es sofort dürre Nadeln, der Boden lag schon voll davon.

Als Rudi durch die Lücke kroch, wurde er entdeckt. Der Mann mit der Lederweste tauchte hinter dem Schuppen auf, und bevor Rudi noch wegsausen konnte, war der Mann schon bei ihm, drückte seinen mageren Nacken mit Daumen und Zeigefinger zusammen und sagte: Was machst du hier, he? Du warst doch eben noch unten auf dem Hof, nicht wahr? Warum bist du mir nachgekommen? Und Rudi sagte: Laß mich doch los! Das tut weh, ich will hier nur spielen. — Spielen, sagte der Mann belustigt, das kannst du einem anderen erzählen, mir nicht. Du siehst nicht aus wie einer, der spielen will. Also jetzt red! Warum bist du hier?

Du drückst ja immer toller, rief Rudi, laß mich los! Und der Mann ließ ihn los und sagte: Dann werde ich dir erzählen, warum du hier bist. Wegen des Pferdes, nicht wahr? Du lagst unterm

Fenster und hast zugehört, was ich mit deinem Vater besprach, und jetzt bist du mir nachgeschlichen, um herauszubekommen, was mit deiner Lotte passiert. Stimmt doch, nicht wahr? Dein Vater hat mir erzählt, wie sehr du das Pferd lieb hast.

Wirst du es totmachen? fragte der Junge.

Da wurde der Mann plötzlich sehr freundlich zu Rudi, und er legte ihm die Hand auf die Schulter, und beide gingen über den Hof, und während sie wie zwei Freunde nebeneinander hergingen, fuhr der Mann dem Jungen einmal schnell übers Haar und sagte:

Ich sag' dir, wie es ist, Jungchen, es hat keinen Zweck dir ein Märchen zu erzählen: das Pferd muß sterben. Einmal würde es ja doch sterben, aber damit es noch zu etwas nützlich ist, mache ich es tot. Das ist nun einmal so. Es kommt bestimmt in den Pferdehimmel, da kannst du sicher sein.

SIEGFRIED LENZ, *Wechselnde Pfade*

By permission of the Author and Agentur des Rauhen Hauses

Vocabulary

einfach, simple
passieren, to happen
das Moor, moorland
unbesiegbar, invincible
die Einsamkeit, solitude
beispielsweise, for example
der Holzfäller(-), wood-cutter
die Sägemühle(n), saw-mill
barfüßig, barefoot
die Vorbereitung(en), preparation
das Flanellhemd(en), flannel shirt
die Manchesterhose(n), corduroy
  trousers
verbrannt, tanned
ausgebleicht, bleached
herum-flitzen, to nip around
die Grauschimmelstute(n), grey mare
schleppen, to drag
der Löwenzahn, dandelion
der Rhabarber, rhubarb
zufällig, by chance

die flache Hand(ː·e), palm
der Kastenwagen(-), covered waggon
hager, lean
das Stoppelhaar(e), stubble
zerkratzt, scratched
die Lederweste(n), leather waistcoat
neugierig, inquisitive
schleichen, schlich, geschlichen, to
  creep
der Vorderfuß(ː·e), forefoot
besprechen, besprach, besprochen, to
  discuss
die Sonnenblume(n), sunflower
die Seitenwand(ː·e), side wall
verwirrt, bewildered
der Grauschimmel(-), grey horse
tot-machen, to kill
überlegen, to reflect
verzweifelt, desperate
der Kirschbaum(ː·e), cherry tree
der Kiefernwald(ː·er), pine forest

rumpeln, to rumble
das Gehöft(e), farmstead
der Schuppen(-), shed
das Anwesen(-), property
die Hecke(n), hedge
trocken, dry
der Kieferzweig(e), pine twig
ein-zäunen, to fence in
an-stoßen, stieß, gestoßen, to knock against
rieseln, to ripple
dürr, dry
die Nadel(n), needle
die Lücke(n), gap
kriechen, kroch, gekrochen, to crawl
entdeckt, discovered
auf-tauchen, to emerge
weg-sausen, to rush off

der Nacken(-), nape of the neck
der Daumen(-), thumb
der Zeigefinger(-), forefinger
belustigt, amused
drücken, to press
toll, crazy
nach-schleichen, schlich, geschlichen, to follow creeping
heraus-bekommen, bekam, bekommen, to find out
passieren, to happen
stimmen, to be correct
nebeneinander, side by side
der Zweck(e), purpose
das Märchen(-), fairy-tale
sterben, starb, gestorben, to die
der Pferdehimmel(-), heaven for horses

Notes

Masuren: Masuria, region of northern Poland, formerly part of East Prussia, rich in forests and lakes.

das Gnadenbrot essen: to live by charity when one is too old to work.

Es kommt bestimmt in den Pferdehimmel: It is sure to go to the heaven for horses. But Rudi was determined to save his horse from death, or so he hoped. By night he stole out of the house, fetched Lotte from the stable and started with her to seek shelter in his grandfather's house. Braving many hardships he rode the old horse to within a few miles of his grandfather's house. There the horse died and Rudi fell very ill. When he recovered, his father was by his bedside, comforting him with the news that Lotte had not died at all. And true enough, waiting in the stable was a horse just like Lotte, only a little younger.

30. Das Wrack

The second extract from the work of Siegfried Lenz is from *Das Wrack*, a short story about the life of a fisherman who occasionally turns diver. Lenz himself knows a great deal about life by and on the water for, after writing, which is his favourite occupation, he loves fishing best — not for the sake of the catch, but for the thrill of anticipation. The story mentioned above is from *Jäger des Spotts*, a volume of short stories dealing with incidents from the everyday life of ordinary people. They are small masterpieces, revealing the author's remarkable technique of story-telling.

'Wir werden zur Halbinsel fahren. Um diese Zeit kommt da niemand vorbei. Wir werden das Boot verankern, Junge, und dann will ich runter. Ich habe ein Wrack gefunden, drüben, bei der Halbinsel, und ich werde runtergehen und allerhand raufholen. Du wirst keinem Menschen etwas sagen, Junge. Wenn du redest, ist es vorbei.'

'Ja, Vater', sagte der Junge, 'ist gut.'

Baraby warf eine lange Ankerleine ins Boot und stieg ein. Er warf den Motor nicht an, denn wenn der Motor zu dieser Zeit gelaufen wäre, hätten sie auf dem Hügel ihre Köpfe ans Fenster geschoben, darum nahm er die Riemen und stieß das Boot weit hinaus. Es wurde von der Strömung erfaßt und trieb langsam flußabwärts, es trieb auf die Halbinsel zu, und vorn im Boot stand der Junge und hielt Ausschau nach dem Wrack. Noch vor der Markierung warf Baraby den Anker, er glitt einige Meter über den Grund und setze sich dann fest, und der Mann steckte so lange Leine nach, bis das Boot über dem sichtbaren Schatten des Wracks lag. Er wartete, bis Zug auf die Ankerleine kam und das Boot festlag, dann beugte er sich weit über den Bootsrand und rief den Jungen zu sich, und beide lagen nebeneinander und sahen stumm in den Fluß. Sie erkannten, weit unter dem düsteren Grün des Wassers, eine scharf abfallende dunkle Fläche, sie sahen schwarze Gegenstände auf dieser Fläche und wußten, daß es das Wrack war.

'Da liegt es', sagte der Mann. 'Es ist groß, Junge, es ist wohl achtzig oder noch mehr Meter lang. Siehst du es?'

'Ja', sagte der Junge, 'ja, ich sehe es genau.'

'Ich will es versuchen', sagte der Mann. 'Ich werde heute nicht weit runterkommen, ich werde es nicht schaffen. Aber ich werde es mir aus der Nähe ansehen.'

'Es ist ein Passagierdampfer', sagte der Junge. 'Vielleicht sind da noch Leute drin, Vater. Es ist bestimmt ein Passagierdampfer.'

'Vielleicht, Junge. Wir müssen abwarten. Du wirst zu keinem Menschen ein Wort sagen. Das ist unser Wrack, wir haben es entdeckt, und darum gehört es uns allein. Wir können es brauchen, Junge, wir haben es nie nötiger gehabt als jetzt. Das Wrack wird uns helfen. Wir werden raufholen, was wir raufholen können, und du wirst zu keinem Menschen ein Wort sagen.'

'Ja', sagte der Junge.

Der Mann begann sich zu entkleiden; er trug schwarze Wasserstiefel, die mit roten Schlauchstücken geflickt waren, und zuerst zog er die Stiefel aus und dann die Jacke und dann das Hemd. Der Junge sah schweigend zu, wie der Mann sich entkleidete, er hielt die Brille mit den Klarscheiben in der Hand, und als der Mann nur noch mit der Manchesterhose bekleidet war, reichte er ihm die Brille und sagte: 'Ich werde aufpassen, Vater. Ich bleibe oben und passe auf.'

Baraby legte die Brille um und schwang sich über die Nordwand, er glitt rückwärts ins Wasser, die Hände am Bootsrand. Er lächelte dem Jungen zu, aber der erwiderte das Lächeln nicht, er blieb ernst und ruhig und blickte auf die rissigen Hände seines Vaters, die an den Knöcheln weiß wurden.

'Jetzt', sagte der Mann, und er richtete sich steil auf und ließ sich hinabfallen. Er tauchte an der Spitze des Bootes weg, kerzengerade, und der Junge warf sich über den Bootsrand und sah ihm nach. Und er sah, wie der Mann drei Meter hinabschoß und wie kleine Blasen an ihm hochstiegen, aber dann fand die Kraft des Sturzes ihr Ende, und Baraby stieß den Kopf nach unten und versuchte, Tiefe zu gewinnen. Er schwamm mit kräftigen Stößen nach unten, aber die Strömung war zu stark; obwohl er verzweifelt gegen sie anschwamm, trieb ihn die Strömung unter das Boot, und er schien zu merken, daß er hoffnungslos vom Liegeplatz des Wracks abgedrängt wurde, denn schon nach kurzer Zeit sah der Junge, wie der Körper seines Vaters eine plötzliche Aufwärtsbewegung machte und mit energischen Bewegungen zur Oberfläche strebte.

Der Mann tauchte knapp hinter dem Boot auf, und der Junge hielt ihm einen Riemen hin und zog ihn an die Bordwand heran.

'Es ist zu viel Strömung', sagte Baraby. 'Du hast gesehen, Junge, wie mich die Strömung abtrieb. Aber sie ist nicht so stark wie draußen in der Mündung, sie wird durch die Halbinsel verringert.' Er atmete schnell, und der Junge sah auf seine Schultern und in sein nasses Gesicht.

'Ich werde es noch einmal versuchen', sagte der Mann. 'Wenn ich noch drei Meter tiefer komme, werde ich mehr sehen. Ich werde es jetzt anders machen, Junge. Ich werde an der Ankerleine ein Stück runtergehen, und wenn ich tief genug bin, lasse ich mich treiben. Die Strömung wird mich genau über das Wrack treiben, und dann werde ich mehr sehen können. Hoffentlich komme ich so lange mit der Luft aus.'

'Ja', sagte der Junge.

Der Mann zog sich an der Bordwand um das Boot herum, dann griff er nach der Ankerleine und zog sich weiter gegen die Strömung voran, und schließlich tauchte er, ohne zurückgesehen zu haben. Er brachte sich mit kurzen, wuchtigen Zugriffen in die Tiefe, und als er einen leichten Druck spürte, gab er das Seil frei und überließ sich der Strömung. Während die Strömung ihn mitnahm, machte er noch einige Stöße hinab, und jetzt war er mehrere Meter tiefer als beim ersten Versuch. Er hielt in der Bewegung inne und überließ sich völlig der Strömung, und dann sah er eine breite, dunkle Wand auftauchen, das Wrack.

SIEGFRIED LENZ, *Jäger des Spotts*, Hoffmann und Campe Verlag, Hamburg (1958). By permission of the owner of the copyright

Vocabulary

der Taucher(–), diver
die Halbinsel(*n*), peninsula
verankern, to anchor
drüben, over there
es ist vorbei, we've had it
der Riemen(–), belt, strap

stoßen, stieß, gestoßen, to push
die Strömung(*en*), current
erfassen, to seize
die Ausschau, watch
der Grund(∸*e*), bottom
sichtbar, visible

sich beugen, to bend
der Bootsrand(÷er), edge of the boat
nebeneinander, side by side
düster, gloomy
scharf, abruptly
ab-fallen, fiel, gefallen, to drop
die Fläche(n), expanse
der Gegenstand(÷e), object
genau, exactly
schaffen, to manage
der Passagierdampfer(–), passenger-
    steamer
ent-decken, to discover
nötig, necessary
sich entkleiden, to undress
der Wasserstiefel(–), waders
das Schlauchstück(e), piece of pipe
flicken, to patch
schweigend, silent
die Brille(n), glasses
die Manchesterhose(n), corduroy
    trousers
auf-passen, to watch
erwidern, to return
ernst, serious
rissig, choppy, cracked
der Knöchel(–), ankle
sich auf-richten, to straighten oneself
kerzengerade, bolt upright

die Blase(n), bubble
die Kraft(÷e), strength
der Sturz(÷e), plunge
die Tiefe, depth
kräftig, powerful
der Stoß(÷e), stroke
verzweifelt, desperate
merken, to notice
der Liegeplatz(÷e), berth
ab-drängen, to deflect from course
der Körper(–), body
die Oberfläche(n), surface
streben, to aim
auf-tauchen, to emerge
die Mündung(en), estuary
atmen, to breathe
verringern, to reduce
die Ankerleine(n), chain-cable
sich treiben lassen, to float
aus-kommen, kam, gekommen, to
    make do
wuchtig, powerful
der Zugriff(e), clutch, grip
der Druck, pressure
spüren, to feel
das Seil(e), rope
sich überlassen, überließ, überlassen, to
    give oneself up to
der Versuch(e), attempt

Notes

dann will ich runter: colloquial for *herunter*. This passage includes
several colloquial expressions such as *runtergehen* for *herunter-
gehen, raufholen* for *heraufholen, runterkommen* for *herunter-
kommen.*

Baraby: one of the fishermen fishing in the river and the estuary.
As he could hardly make a living by fishing, the idea occurred to
him to make a little money in some other way. Experience had
taught him that finding a wreck could be worth while.

Er warf den Motor nicht an: He did not start the engine (*anwerfen*,
to start; *Motor* (m.), engine).

... *hätten sie auf dem Hügel ihre Köpfe ans Fenster geschoben:* people on the hill would have put their heads to the window. On the hill a few houses were standing from which the estuary could be overlooked.

er steckte so lange Leine nach: he paid out the line until . . . (*nachstecken*, to pay out).

bis Zug auf die Ankerleine kam: until there was a pull on the line (*Zug* (m.), pull).

die Brille mit den Klarscheiben = Scheiben, durch die man klar sehen kann: the glasses with the anti-fogging lenses (*Scheibe* (f.), pane).

eine plötzliche Aufwärtsbewegung: a sudden upward movement (*Bewegung* (f.), movement).

und dann sah er eine breite, dunkle Wand auftauchen, das Wrack: and then he saw a large dark wall emerging that was the wreck.

After repeated futile attempts to enter the wreck the diver sold the engine of his fishing boat in order to buy an oxygen apparatus, but when at long last he was able to enter the wreck he found — instead of the cars and lorries and other valuable items he expected — nothing but the skeletons of horses which had constituted the sole cargo of the sunken ship.

PRINTED IN GREAT BRITAIN BY ROBERT MACLEHOSE AND CO. LTD
THE UNIVERSITY PRESS, GLASGOW